世界哲學家叢書

托馬斯・銳德

倪 培 民 著

1996

東大圖書公司印行

國立中央圖書館出版品預行編目資料

托馬斯·銳德／倪培民著. --初版. --
臺北市：東大發行：三民總經銷，
民85
　　　面；　公分. --(世界哲學家叢書)
參考書目：面
含索引
ISBN 957-19-2004-5 (精裝)
ISBN 957-19-2005-3 (平裝)

1.銳德 (Reid, Thomas, 1710-
　1796)-學術思想-哲學

144.43　　　　　　　　　　85009377

國際網路位址　http://sanmin.com.tw

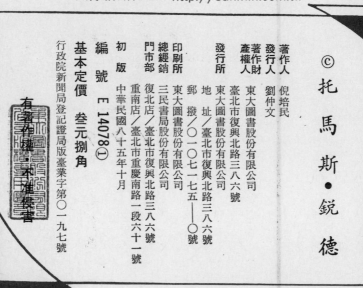

ⓒ　托馬斯·銳德

著作人　倪培民
發行人　劉仲文
產著作財
權人　東大圖書股份有限公司
發行所　東大圖書股份有限公司
　　　　地址／臺北市復興北路三八六號
　　　　郵撥／○一○七一七五──○號
印刷所　東大圖書股份有限公司
門市部　復北店／臺北市復興北路三八六號
　　　　重南店／臺北市重慶南路一段六十一號
總經銷　三民書局股份有限公司
初版　中華民國八十五年十月
編號　E 14078①
基本定價　叁元捌角
行政院新聞局登記證局版臺業字第○一九七號

有著作權·不准侵害

ISBN 957-19-2004-5 (精裝)

「世界哲學叢書」總序

　　本叢書的出版計畫原先出於三民書局董事長劉振強先生多年來的構想，曾先向政通提出，並希望我們兩人共同負責主編工作。一九八四年二月底，偉勳應邀訪問香港中文大學哲學系，三月中旬順道來臺，即與政通拜訪劉先生，在三民書局二樓辦公室商談有關叢書出版的初步計畫。我們十分贊同劉先生的構想，認為此套叢書（預計百冊以上）如能順利完成，當是學術文化出版事業的一大創舉與突破，也就當場答應劉先生的誠懇邀請，共同擔任叢書主編。兩人私下也為叢書的計畫討論多次，擬定了「撰稿細則」，以求各書可循的統一規格，尤其在內容上特別要求各書必須包括（1）原哲學思想家的生平；（2）時代背景與社會環境；（3）思想傳承與改造；（4）思想特徵及其獨創性；（5）歷史地位；（6）對後世的影響（包括歷代對他的評價），以及（7）思想的現代意義。

　　作為叢書主編，我們都了解到，以目前極有限的財源、人力與時間，要去完成多達三、四百冊的大規模而齊全的叢書，根本是不可能的事。光就人力一點來說，少數教授學者由於個人的某些困難（如筆債太多之類），不克參加；因此我們曾對較有餘力的簽約作者，暗示過繼續邀請他們多撰一兩本書的可能性。遺憾的是，此刻在政治上整個中國仍然處於「一分為二」的艱苦狀態，加上馬列教條的種種限制，我們不可能邀請大陸學者參與撰寫工作。不過到目前為止，我們已經獲得八十位以上海內外的學者精英全力支持，包

括臺灣、香港、新加坡、澳洲、美國、西德與加拿大七個地區；難得的是，更包括了日本與大韓民國好多位名流學者加入叢書作者的陣容，增加不少叢書的國際光彩。韓國的國際退溪學會也在定期月刊《退溪學界消息》鄭重推薦叢書兩次，我們藉此機會表示謝意。

原則上，本叢書應該包括古今中外所有著名的哲學思想家，但是除了財源問題之外也有人才不足的實際困難。就西方哲學來說，一大半作者的專長與興趣都集中在現代哲學部門，反映著我們在近代哲學的專門人才不太充足。再就東方哲學而言，印度哲學部門很難找到適當的專家與作者；至於貫穿整個亞洲思想文化的佛教部門，在中、韓兩國的佛教思想家方面雖有十位左右的作者參加，日本佛教與印度佛教方面卻仍近乎空白。人才與作者最多的是在儒家思想家這個部門，包括中、韓、日三國的儒學發展在內，最能令人滿意。總之，我們尋找叢書作者所遭遇到的這些困難，對於我們有一學術研究的重要啟示（或不如說是警號）：我們在印度思想、日本佛教以及西方哲學方面至今仍無高度的研究成果，我們必須早日設法彌補這些方面的人才缺失，以便提高我們的學術水平。相比之下，鄰邦日本一百多年來已造就了東西方哲學幾乎每一部門的專家學者，足資借鏡，有待我們迎頭趕上。

以儒、道、佛三家為主的中國哲學，可以說是傳統中國思想與文化的本有根基，有待我們經過一番批判的繼承與創造的發展，重新提高它在世界哲學應有的地位。為了解決此一時代課題，我們實有必要重新比較中國哲學與（包括西方與日、韓、印等東方國家在內的）外國哲學的優劣長短，從中設法開闢一條合乎未來中國所需求的哲學理路。我們衷心盼望，本叢書將有助於讀者對此時代課題的深切關注與反思，且有助於中外哲學之間更進一步的交流與會通。

　　最後，我們應該強調，中國目前雖仍處於「一分為二」的政治
局面，但是海峽兩岸的每一知識分子都應具有「文化中國」的共識
共認，為了祖國傳統思想與文化的繼往開來承擔一份責任，這也是
我們主編「世界哲學家叢書」的一大旨趣。

傅偉勳　韋政通

一九八六年五月四日

前　言

　　如果調查一下人們對西方哲學的看法，可以發現一個有意思的現象——雖然哲學家中真正算得上懷疑論者的並不多，但人們往往把哲學與懷疑論聯繫在一起，認為哲學就是懷疑那些日常生活中一般人確信不疑的真理。不深究哲學的人往往認為哲學家都對常識中的真理持有懷疑和否定的態度，然後從那裡引申出去建立他們那些玄奧離奇的體系，得出駭人聽聞的結論，什麼物只是感覺的複合，什麼世界只是意志和表象等等。這看法儘管偏頗卻不無一定根據。奇怪的是，儘管哲學家們以各種方式指出人們的無知，啟發教導人們去尋求更深的真理和埋藏在現象後面的真實，古往今來人們的一些基本信念卻始終沒變。這些常識的信念以其沈默卻又頑強的生命力接受了歷代哲學家的挑戰，以至於它們本身的存在，它們本身之仍被包括那些懷疑它們的哲學家們在內的所有的人接受這個事實，就似乎證明那些懷疑它們的哲學家的謬誤。哲學走著自己高深的路，在書齋中，在那些思想家的腦袋中和書本中。常識卻在活生生的人們的信念中和生活中。甚至當那些哲學家們走出書齋回到日常生活中時，他們也不得不按照常識，而非他們的哲學去生活。

　　難道理性不是人們最好的嚮導嗎？難道深刻反思的哲學，作為智慧象徵的哲學把人引向謬誤，而盲目接受的未經反思的常識，卻引人

走向真理? 近代西方哲學從笛卡爾 Rene R. Descartes(1596–1650)
到休謨 David Hume (1711–1776)的發展過程,似乎正是這種具有諷
刺意味的現象越來越明顯化的過程。在休謨哲學問世之後,至少有
二位哲學家被震驚了,試圖把哲學從這種窘境中拯救出來。這二位
哲學家,一位是大名鼎鼎的伊曼努爾 · 康德 Immanuel Kant
(1724–1804),另一位很少為人提及,然而他卻是哲學史上少有的
嚴肅認真地為常識辯護的哲學家。此人便是蘇格蘭的托馬斯 · 銳德
Thomas Reid (1710–1796)。

　　在西方哲學史上,伊曼努爾 · 康德的名字怎麼也不會被人漏
掉,但與他同時代的蘇格蘭哲學家托馬斯 · 銳德卻不是被完全忽
略,便是被一筆帶過。有趣的是,這二位哲學家除了生活於同時代,
還有許多共同之處:二人均受休謨影響,又均從批判休謨或解決休
謨的難題出發,而建立自己的哲學(不同的是,銳德是在休謨的《人
性論》一書出版時,就已意識到了此書的哲學意義,而康德則是在
休謨對《人性論》的改編縮寫本《人類理解研究》中看到這些的)。
二人均受過神學方面的教育和訓練,均在大學畢業後當過圖書館員。
康德一生從未離開他的家鄉,銳德也不好遊歷,除造訪過倫敦牛津
劍橋一次,餘皆在蘇格蘭度過。二人的第一篇公開發表的論文均與
數學有關,而且先後只相隔一年(銳德的是〈論量〉, 批評哈奇森
Francis Hutcheson (1694–1746),康德的是批評萊布尼茨 G. W.
Leibniz (1646–1716))。二者的第一部主要論著——銳德的《基於常
識原理的人類心靈研究》和康德的《純粹理性批判》——均是在五
十多歲時,經過二十多年潛心研究之後才發表的(銳德54歲,康德
57歲)。 這或許是顯示了一種對世人負責的態度,或許是他們大器
晚成❶。二人後來均成為開一代學派的宗師。雖然康德的超驗唯心

論學派比銳德的蘇格蘭常識哲學學派更引人注目，但銳德在常識哲學中的領袖地位是毫無疑義的。

除了以上這些枝節性的偶然的巧合，這二位哲學家的體系中還有一種深刻的相似性或同一性。康德哲學中的「先天範疇」相應於銳德哲學中的常識的原理或原則。康德由對休謨的批評而轉向提出他的「知識如何可能」之類的超驗問題，銳德也是從對休謨觀念說的批評而提出常識原理為知識所必須。二人的倫理學思想更是驚人的一致。這些，我將在本書各章節中，逐步展開。

不過銳德的重要性，主要他不在於他是蘇格蘭的康德，而在於他是<u>蘇格蘭</u>的康德。他的哲學體系自有其有別於康德的獨特之處。其最明顯的特點，便是對常識的辯護。長期以來，人們總以為銳德只是用常識去否定哲學家的理論，而沒看到銳德哲學所講的東西，並不是在常識中顯而易見的。他的哲學是常識<u>哲學</u>，而不是<u>常識</u>哲學。不糾正這一誤解是無法給與銳德以恰當的歷史地位，無法對其哲學意義作出恰當評論的。而不認真傾聽銳德哲學的內容，又是無法糾正這一誤解的。人們往往對深奧難懂的東西有敬畏之感，認為裡面必有大智大慧，對淺顯切近的東西，反而不屑一顧，以為必是淺薄平淡。其實不必然，那些「深刻」的人們不得不依靠「淺薄平淡」的常識生活。可見真正的深奧，還是在那些常識之中。銳德正是一位從平淡中見深刻的哲人。他從最基本的人類對一些常識原則的信念和人們日常語言中對一些基本概念的用法這些事實中，得出一系列重要的哲學結論。其中包括對從笛卡爾到休謨這段近代哲學史從充滿對理性的信心到對知識的可能性幾乎絕望的過程作出獨特

---

❶　對銳德來說，可資證明的是，他在此書寫成之後，先請他批評的對象休謨一閱，傾聽他的意見。

的診斷，指出其毛病癥結之所在，也包括他對其他一系列重大哲學問題如自由意志、人的同一性、倫理學問題等等提出自己的理論，還包括對於其他先驅者所未認真涉及的行為哲學和道德心理學做了非常傑出的開墾性工作。而所有這一切，十分協調地構成了一個獨特的哲學體系。這個體系繫根於常識。常識所具有的頑強生命力，決定了這個體系必然會產生深遠的影響。

美國著名哲學家齊索姆 Rederick Chisholm (1916−) 在任布朗大學哲學系主任時曾接到一個電話。來電人稱自己非常忙，但還是有時間並且也願意讀一本嚴肅的哲學書。他說他不是想尋找樂趣，他只是要想找一本比任何別的書包含有更多的真理的書。齊索姆覺得需要想一下才能回答他，故要他第二天再來電話。第二天，當此人再來電話時，齊索姆建議他去讀銳德的著作。亞歷桑大哲學系主任，美國《哲學研究》的主編萊爾勒 Keith Lehrer 說，齊索姆的建議是明智的❷！以本人拙見，這個建議不僅對於一個業餘的哲學愛好者是明智的，它對於許多不了解銳德哲學的專業哲學家，也是一個極具見地的建議。因為飽學的哲學家們在某種意義上比常人更需要一付常識的清醒劑。

值此銳德逝世二百周年之際，我謹以這本小書奉獻給中文讀者，但願讀者能從此書中對銳德的哲學思想、其歷史傳承和影響、意義，得到一大致的了解。

---

❷　見萊爾勒《托馬斯・銳德》，頁1。

托馬斯‧銳德

目　次

第一章 銳德的生平及思想傳承

一、生　平

　　托馬斯・銳德於1710年4月26日出生於蘇格蘭肯卡定郡的斯特拉欽鎮。他的父親路易斯・銳德在該鎮任新教牧師達五十八年(1704–1762) 之久。銳德家族中許多人在蘇格蘭擔任牧師，還有不少族人在政府中任職，其中有一位也叫托馬斯，曾任詹姆士一世的私人教師 (一說是其希臘與拉丁文祕書)，另一位叫亞歷山大・銳德的曾任查理一世的私人醫生，並著有一些當時頗受尊敬的生理學書籍。銳德的母親瑪格利特出身於蘇格蘭知識階層的望族——格里高利家族。她的舅舅大衛・格里高利是數學家、天文學家，曾先後在愛丁堡大學和牛津大學任天文學教授，是牛頓的密友。另一位舅舅詹姆士・格里高利曾在聖・安德魯大學任數學教授，後又繼其兄大衛在愛丁堡大學任教，發明反射望遠鏡，並把牛頓的理論介紹到蘇格蘭各大學。大衛・格里高利的兒子於1724年到1767年間任牛津大學歷史學教授。詹姆士・格里高利的兒子和孫子也先後成為醫學教授。格里高利家族中還有一位化學家，曾任愛丁堡大學化學系主任；一位考古學家，著有《西部 (蘇格蘭) 高原和島嶼史》。

托馬斯・銳德有一兄二姐妹。他母親死於1732年，父親於1735年再娶，又生了二兒五女。其父仁慈、謹慎，生性簡樸，且有良好的文學修養。銳德十歲時，進入當地的教會學校接受正規教育。二年之後（1722年4月），他被送到阿伯丁，先在一個語法學校裡學習了五個月，然後在十月份進入阿伯丁大學的馬里夏爾學院，師從喬治・特布爾 George Turnbull (1698–1749)。在現在看來，十二歲開始大學生活似乎是太早了，但按當時蘇格蘭的習慣來說，並不為奇。曾任沙利茨布瑞大主教的伯耐特在進入馬里夏爾學院時才九歲，十三歲就大學畢業了。托馬斯・銳德的舅公詹姆士・格里高利大學畢業時也是這個年齡。

當時的馬里夏爾學院有三位傑出的教授。數學教授柯林・默勞林 Colin Maclaurin (1698–1746)是牛頓之友，英國數學家中的佼佼者。銳德曾在數學上受教於他。希臘文教授托瑪斯・布萊克威爾 Thomas Blackwell (1701–1757)，是荷馬史詩專家。哲學家喬治・貝克萊 George Berkeley(1685–1753)曾邀請此君同去百慕達建立大學，傳播基督教文化，他對此沒有熱忱，但對貝克萊的這一壯舉及其廣博知識，極為崇敬。再有一位就是哲學教授喬治・特布爾。特布爾畢業於愛丁堡大學，著有《道德哲學原理》。雖然他的著作現在很少有人提及，但他在當時頗受注目。貝克萊的《視覺理論》和《人類知識原理》及弗郎西斯・哈奇森，和巴特勒主教 Joseph J. Butler (1692–1752) 的主要著作中，都曾引用過特布爾的論述。這三位都是當時英國哲學界中的精英，也都對銳德有過影響。當時蘇格蘭的各大學通行一種導師制教育體系，即要求學生在三年裡跟從同一個導師系統地學習除拉丁文和希臘文之外的自然科學、哲學和倫理學等各方面課程，直到畢業，而不是由各學科的教授分別講授自己專

業的課程。特布爾作為銳德的導師，很可能對銳德的思想產生過深刻的影響。

1726年4月銳德大學畢業，開始研究神學。1731年他修完了教會規定的課程，經審核後被授予預習牧師的資格，1732年8月被任命為教會執事。1733年7月他出任馬里夏爾學院的圖書館員。當時這種職位不像今天的圖書館員那樣帶有很大的事務性質，而更多地是一種榮譽，是一種退隱於學術研究的途徑。他之所以能得到這一職位，或許是因為這個職位是他的一位祖先所設。在此期間，銳德博覽群書，尤其是花了大量的精力研究數學。這看來是受了他的朋友約翰·斯特瓦特 John Stewart 的影響，此人後來成為馬里夏爾學院的數學教授。他倆一起學習了牛頓的《光學原理》。銳德也是在這段時間裡讀了洛克 John Locke (1632–1704) 的名著《人類理解論》。

1736年銳德辭去了在馬里夏爾學院的圖書館員職位，隨斯特瓦特一起來到英格蘭。由於他家庭的關係，他得以在倫敦、牛津與劍橋等處出入於各大學府，拜見當時的鴻「儒」。在劍橋他見到了桑德森 Nicholas Saunderson (1682–1739) 博士，——一位盲人數學家。以後從他的著作中提到桑德森之處可以看到，他倆的交往和討論引起了他對知覺問題的興趣，並影響了他在這方面的觀點。

1737年銳德進入位於阿伯丁附近的紐瑪徹 New Machar 的教會擔任牧師。這個職位似乎是通過親戚的關係而得到的，因此，他的到來引起了前任牧師的惱怒，對他大肆抨擊。會眾成員也對銳德不滿，人們公開對他進行人身攻擊，有一次甚至把他扔到了池塘裡。他第一次在教堂上任時，是在出了鞘的利劍保護之下走上講臺的。儘管如此，銳德還是以自己的品行逐漸改變了人們對他的看法。尤其是在1740年他與他的堂妹（他在倫敦的叔父喬治·銳德博士之

女）伊麗莎白 Elizabeth Reid (1724-1792)結婚之後，他更加受到人們的尊重。伊麗莎白在教區為病人服務贏得了人們對她深厚的愛戴。銳德最後離任時，當年攻擊過他的人竟對他含淚相送。

銳德在宗教上並不很有才華，他佈道時通常用的是別人的講稿。這段時間，他主要的精力是花在研究知覺等哲學問題上了。正是在他任職紐瑪徹這段時間，他寫了〈論量〉一文。此文1748年發表，是他第一篇公開發表的文章。文章的全題是〈論量——讀一篇將簡單和複合比率運用於美和善的觀念的論著有感〉(An Essay on Quantity. Occasioned by Reading A Treatise in Which Simple and Compound Ratios Are Applied to Our Ideas of Beauty and Virture)。這篇「論著」指的是弗郎西斯‧哈奇森的《美與善的觀念起源論》(*Inquiry into the Origin of Our ideas of Beauty and Virtue*)。銳德在他的論文中反對將有關量的理論——數學——運用到不能用量來表述的領域中去。他討論了數學之運用的必要和充分條件，從中得出結論——善與美的觀念和諸如疼痛之類的感覺一樣，是無法定量表述的。他們屬於一個更高級的領域。

1752年，銳德被聘任為阿伯丁大學金斯學院 (Kings College) 的哲學教授。當時銳德公開發表的哲學論文尚只有一篇。據銳德的學生和他的哲學思想的繼承者斯圖爾特 Dugald Stewart (1753-1828)解釋，銳德之所以能得到這樣的聘任，是因為該校教授們認為銳德在學術上潛力深厚。起初銳德還不想接受這一聘請，他表示希望至少退隱至他完成幾項寫作計劃之後，再考慮出任教職，是他的妻子最終說服了他。

由於金斯學院當時還是導師制❶，銳德除教授哲學之外，還必

---

❶ 當時蘇格蘭五所大學中的四所（愛丁堡大學、格拉斯哥大學、聖‧安

須教授物理、邏輯、心理學和倫理等學科。這意味著他大約要花三分之二的時間在他主要興趣之外的課題上。從他當時的備課稿中，可看出他的知識面很廣，尤其是物理學方面。他對學校的教學體制改進方面也作了不少工作，但也正是由於他的努力，導師制在學院得以繼續存在了半個世紀。因為他認為每門課都換教師對學生不利。雖然專攻對於一個教師來說更能在自己專長的領域深入，但他認為要求一個教授掌握他的學生在三年裡所能學的一切並不過分。

銳德在1758年1月份，與幾位朋友一起創立了阿伯丁哲學學會。這個學會為其成員提供了哲學論壇，使他們的論著能得到傳播。其中包括喬治・坎貝爾 George Campbell(1719–1796) 的〈論奇蹟〉(Miracles)和〈論辯哲學〉(Philosophy of Rhetoric)、亞歷山大・蓋拉德 Alexander Gerard(1728–1795) 的〈論味覺〉(Taste) 和〈論天才〉(Genius) 和詹姆士・貝蒂 James Beattie(1735–1803) 的〈真理論〉(Essay on Truth)等。這個學會每月聚會二次，出席人數一般在五、六人左右。聚會內容之一是由一名會員宣讀一篇短論文。在討論這篇論文之後，每次又提出下一次聚會討論的專題，由提出這一專題的成員收集和消化其他成員對這一問題的意見，寫成論文，在下一次聚會上宣講。當時學會經常以休謨哲學作為中心論題。銳德在1763年致休謨的一封信中說，「這個小小的哲學學會，在很大程度上是從你那裡得到其樂趣的，……由於你不能與我們同座，你反而比任何人更經常地被提及，受到熱忱而無譏諷的批判和辯護。如果你停止有關道德政治和形而上學的著述，恐怕我們將會失去討論的題目的。」❷

───────────────

德魯大學和馬里夏爾學院）均已放棄導師制。

❷　轉引自弗瑞舍《托馬斯・銳德》，頁52。

正是在這個學會中，銳德宣講了他後來收入到《基於常識原理的人類心靈研究》(*An Inquiry into the Human Mind on the Principles of Common Sense*)一書（以下簡稱《研究》）中的絕大部分論文。銳德利用學會的討論來幫助自己澄清思路，汲取意見，修改論文。此書直到1764年才出版。他在書首獻詞中表明，乃是休謨《人性論》一書的發表，促使他於1739年起重新思考他對於觀念理論的看法。在此之前他是貝克萊理論的信奉者。在他發表他的《研究》一書之前，他曾通過布萊爾 Blair 博士——他與休謨之共同朋友——請求休謨讀一下此書的手稿。休謨最初對銳德抱一種嘲諷的態度，說：「牧師們應當關心他們自己的事情，把哲學上的爭論留給哲學家們。」然而在他讀了銳德的手稿之後，改變了看法。在一封給銳德的信中，休謨承認這份手稿是對他的觀點的一個有份量的挑戰。

1762年1月18日，馬里夏爾學院授與銳德榮譽神學博士學位。1764年，銳德繼亞當·斯密 Adam Smith (1723–1790)而成為格拉斯哥大學倫理學教授。亞當·斯密的前任就是對休謨和銳德均有過重要影響的弗郎西斯·哈奇森。哈奇森認為我們與其說是理性地決定應當接受那些道德真理，不如說我們是發現自己事實上接受那些真理。這一理論在休謨那裡發展成了理性是情感的奴隸的著名論題，而在銳德那裡，便發展成了理性只能在常識的基礎之上才能起作用的觀點。

銳德在格拉斯哥大學的這份職位使他有了更多的時間從事研究寫作。他不再需要同時教授數學、物理等等，而只需教授哲學了。銳德住的地方離學校很近，步行只要八分鐘。在 1764 年冬季學期，他常常是早上七點半就到學校，給一個約一百來個學生的大班講一

小時課。十一點時他就早晨的講演作輔導，一般有三分之一的學生會參加這個輔導討論。每隔一到二個星期，他就要有連續三天的中午十二點的課，為那些早上聽了課卻未能參加十一點輔導班的人作輔導。他的學生一般至少聽他二年的課，頭二年是付費的，以後就免費了。有不少學生會跟著他聽四到五年的課。這些學生促使他不得不花大量的精力備課。除此之外，銳德還參加學校裡的人文學社的活動，常常寫些稿子到學社裡宣讀。他的講課稿和為人文學社所寫的文章，是他晚年的二部巨著的基礎。除教學與研究之外，學校裏的事務性會議仍占去他不少時間，一般每周平均要有四到五個會議。銳德曾在一封信中抱怨道：「沒有比這些會議更蹧蹋我的時間的了。」❸

銳德的家庭在這幾年中很不順利。1767年，他出世不久的小女兒死了。1772年，他二個正當妙齡的女兒珍妮和瑪格麗特也相際去世，僅剩下三女兒瑪莎。瑪莎後來嫁給了一個醫生，她給銳德的晚年帶來不少安慰。

銳德在格拉斯哥整整十八年的時間裡，只發表過一篇論文〈亞里士多德邏輯學簡述及評論〉(1774)。此文是作為凱姆斯勳爵所著的《人類簡史》一書第二卷的附錄發表的，共七十頁左右。此文若以現代的標準來評價，是單薄膚淺的，但當時亞氏邏輯正是被貶視的時期。把銳德的評論放在這個歷史背景上看，應當說它是比較清醒公允的。他把亞氏邏輯看成是抽象理性活動的一塊豐碑，一件應受到尊敬的古董，一個天才的偉大嘗試，而不是發展和組建知識的哲學工具。他認為，三段論更適合於決斷經院哲學式的紛爭，而不適合於真正的科學進展。在他看來，培根 Francis Bacon (1561–1626)

---

❸　見弗瑞舍《托馬斯・銳德》，頁83。

的《新工具》比亞里士多德的《工具論》更符合人類理智進步的方向和要求。

在銳德的《研究》一書出版之後不久，他的追隨者奧斯瓦德 James Oswald (?–1793) 的《以宗教的名義求助於常識》(1766) 及貝蒂的《真理論》(1770) 先後出版。此二人在哲學上遠比銳德膚淺，但貝蒂的名聲卻一度超過銳德。貝蒂曾是銳德在馬里夏爾學院時的同事，1760年起在該學院任倫理學與邏輯學教授。他常常去倫敦，因此倫敦的學術圈子對他比對銳德更熟悉。他的《真理論》使他名噪一時，喬治三世還嘉獎給他二百英鎊一年的俸金。當時有一幅油畫，畫的是「詭辯論」、「懷疑論」和「無神論」在「真理」面前逃竄，貝蒂手持《真理論》，站在真理的邊上。可見當時貝蒂在公眾心目中的形象。由於奧斯瓦德、貝蒂和銳德均推崇常識，又都來自蘇格蘭，於是他們便被統稱為「蘇格蘭常識學派」。連康德這樣嚴謹的哲學家都未能仔細地區分這三者，而把貝蒂和奧斯瓦德的論述與銳德的混為一談。

當時對常識哲學的最激烈的批評者是普利斯特雷 Joseph Priestley (1733–1804)。此人原是個加爾文主義者，後改信唯物主義，對自然科學頗有興趣。1774 年，他出了一本書題為《銳德的「研究」，貝蒂的「真理論」及奧斯瓦德的「求助於常識」之研討》，對「常識學派」發起全面攻擊。銳德對他的批評置之不理。他在一封致普賴斯 Richard Price (1723–1791)博士的信中寫道：「我不準備回答普利斯特雷博士，他在抽象推論上極為無能，我從他那裡一點啟發都沒得到。確實，從一個連觀念與震動、運動與感覺、簡單知覺與判斷、簡單觀念與複雜觀念、必然真理與偶然真理都區分不了的人那裡，你又能指望得到什麼啟發呢？」❹

　　銳德依然故我，教他的書，並繼續與凱姆斯勳爵交往，討論他感興趣的諸如因果關係的本性之類的形而上學問題。

　　在他七十歲那年（1780年），銳德為自己找了一個助手和繼承人——三十六歲的阿瑟 Archibald Arthur (1744–1797)。他想趁自己頭腦還清楚，趕快把自己累積了多年的手稿整理出來，並再寫一點東西。這以後的十六年生涯中，他的課就都由阿瑟代講了，而他自己則重又潛心寫作。但這一年，他平靜幸福的生活又一次被喪子之痛所打斷——他二十五歲的長子喬治不幸去世。二年之後，他剩下的唯一的兒子大衛又撒手而去。銳德一生有過九個子女，在大衛死後，就只剩了瑪莎一人。

　　在這樣的悲痛之中，銳德完成了他後期的二部主要著作——《人類理智能力論集》（*Essays on the Intellectual Powers of Man*，1785年。以下簡稱《智力論集》）和《人類心靈的行為能力論集》（*Essays on the Active Powers of the Human Mind*，1788年。以下簡稱《行為能力論集》）。

　　銳德的這二《論》，進一步闡發了他在《研究》一書中所表達的主要思想。《研究》一書與後期的二《論》的基本區別在於前者表現出更多的經驗主義方法論因素；後者則更多地運用理性分析和推論。給人的印象是似乎前者把理性與常識看成是對立的；後者則把二者看成是和諧的。實際上這種前後的不同，與其說是他的立場轉變，不如說是他的策略和強調的重點的變化。《研究》集中分析人的感覺經驗，主要是嗅覺、味覺、聽覺、觸覺和視覺這五種感覺。在那裡，他對常識的辯護主要是通過對流行的懷疑論及其基礎——觀念論的批判進行的。這方面的內容，在《智力論集》中又得到重申。不過

───────────────

❹　見弗瑞舍《托馬斯・銳德》，頁97。

在後者，他更多地是從理論上分析常識的地位，並更多地從日常語言的分析角度來論證，而較少從經驗中去挖掘常識的原理。在《研究》中，他是試圖指出在以休謨為代表的近代哲學傳統中，理性被用來懷疑和否定常識，但最終常識是無法被理性所否定的。在《智力論集》中，他強調理性本身也必須以常識為基礎。除此之外，《智力論集》中還包括了他有關記憶、想像、抽象能力、判斷能力和推理能力的論述。

銳德本來似乎是想把二《論》作為同一部書發表的，但在將近完成《智力論集》時，發現它可以自成一書，並且他也擔心自己已經年邁，能否完成第二部，沒有把握，遂先將《智力論集》付梓。此書出版後，立即受到他周圍的朋友們如普賴斯、貝蒂等的高度評價。三年之後，銳德的《行為能力論集》也出版了。此書篇幅比《智力論集》略小一些，其中包括銳德有關行為哲學的理論，有關自由意志與決定論的討論，以及他的道德哲學理論。它與《智力論集》一樣，具有較多理性討論和語言分析，較少經驗總結的特徵。

在1788年之後，銳德沒有再發表過論著，但他仍然沒有中止他的研究。他的二《論》中的不少篇章曾經在學院的人文學社中宣讀過。二《論》發表之後，他仍常常為學社寫論文。這段時期，他的注意力集中在「能力」和「因果聯繫」上。有的學者將銳德的哲學研究大致分為二個階段。以其《研究》和《智力論集》為代表的階段，他主要關心的是認識論問題。其主要目標是要駁倒觀念論，從而否定掉從柏拉圖以來直到休謨的一個基本假設——我們不能直接感知到外部的實在世界。第二階段是以他的《行為能力論集》和他後期未發表的論文為代表。這一階段他關心的主要是因果與能力的問題。其目標主要在於把物理學上所謂的「原因」概念，即對規律

的描述，與真正的原因概念——動力因或行為者——這二者區分開來。在銳德看來，對這二種原因概念的混淆也是從柏拉圖以來直到休謨的傳統。

1792年，銳德的夫人去世。銳德與她共同生活了五十二年。銳德的女兒同年喪夫，於是常來銳德家中住，悉心地照顧老人的生活。這時已八十二歲高齡的銳德仍能散步，仍能讀書，儘管讀了不久就忘，也仍能與人討論哲學，只是人家要湊在他左耳邊他才能聽見。除了耳朵與記性，別的方面他仍然非常健全。不僅智力仍然敏銳，性格上也沒有像有些上了年紀的人那樣變得孤僻古怪。他仍然是嚴謹、仔細、謙恭、和藹可親，尤其是對孩子們更是慈祥。銳德的這種性格在他的哲學著作中也可以看出。他總是對自己所批判的對象給與儘量高的評價，在充分肯定了他們的功績和和正確之處後，才指出他們的弱點或錯誤。即便是在指出別人的錯誤時，他也從來不用辛辣挖苦的語言，而是誠懇地從各種不同的角度去反覆推敲，或站在論敵的角度，對自己的論點提出疑問，然後一一加以解答。

1796年9月，銳德突然中風。幾次反覆之後，於10月7日去世，享年八十七歲。他的骨灰最後埋在了格拉斯哥學院邊上的學院教堂墓地。在他最後的日子裡，他對自己的病一點也沒抱怨，心裡常常想的，是為家人帶來的麻煩。

二、思想傳承

作為開創常識哲學學派的宗師，銳德的思想無疑具有天才的首創性。但它也不是無本之木，無源之水。銳德在哲學方面所受到的影響，主要是來自於二大方面，一是他的哲學所致力於否定的主要

對象——貝克萊和休謨，二是從弗朗西斯・培根那裡一脈相傳的方法論。前者使他看到了哲學界所面臨的困境，提供了他進行探索的動機、動力和目標。後者則為他提供了基本的方法論原則上的啟示，幫助他找到了解決問題、擺脫困境的鑰匙和總的方向。

　　儘管銳德的整個哲學體系都是圍繞著貝克萊和休謨哲學的否定展開的，但銳德對這二位哲學家還是給予了高度的評價，並且毫不諱言自己從他們那裡得到的教益。關於貝克萊，他說過「我曾經如此堅信那個關於觀念的理論，以致因而全盤地接受了貝克萊的體系。」❺休謨的哲學，作為貝克萊哲學的邏輯發展，更受到他極大的尊重。在銳德看來，歷史上舉凡對知識問題有所見解的哲學家們，都或多或少地與休謨有相似的哲學觀點。在一封致休謨的信中，銳德稱自己為休謨在形而上學方面的「弟子」，並稱：

　　　　我從你的著作中學到的這方面的知識，超過我從所有其他哲學家那兒學到的總和。你的體系在我看來不僅各方面均自相一致，而且是邏輯地從哲學家們所共同認可的原理中推論出來的。對於這些原理，我過去從來沒有想到過要去質疑。直到我讀到你在《人性論》中從這些原理中推出的那些結論之後，才對它們產生了懷疑。如果這些原理是堅實可靠的，那麼你的體系確立無疑；並且在你將它們所蘊含的整個體系充分揭示出來之後，比這個體系的大部分還被包裹在雲霧和黑暗之中時更容易評判這些原理之是否堅實可靠。因此我同意你的見解——如果這個體系應當被否定的話，那麼，由於是你使得它成為一個清晰可辨的目標，並且為否定它提供了適

---

❺　漢密爾頓《托馬斯・銳德論著集》，頁283。

當的炮火，你也完全有理由分享一大部分的贊譽。❻

這段話十分明確而又恰當地描述了銳德在哲學上與休謨的承繼關係。這種關係與康德和休謨之間的承繼關係相似。康德曾說過，是休謨喚醒了他的教條主義的迷夢❼，使他從萊布尼茲形而上學的獨斷論中擺脫了出來，而銳德也是被休謨所喚醒，使他看到了貝克萊哲學的基礎原理所導致的一系列違背常識的結論，從而深省，最終從貝克萊的唯心主義中擺脫了出來。

銳德之能夠從中擺脫出來，而沒有被這一些結論所吞噬，在一定程度上應歸功於培根的方法論對他的啟示。現代西方哲學界很少提到培根，這也許部分地與培根不甚光彩的人品有關❽。但銳德並沒因人廢言。他多次提到培根，明確地表示自己在方法論上受到培根的影響。他稱培根為自然界之語法的制定者，因為培根一方面提出了歸納法，也即向自然界學習的方法，一方面又指出了人們之所以對自然界會有種種謬誤見解的根源。銳德對牛頓的稱讚，也是說牛頓把培根所制訂的方法論原則變成了三、四條具體的公理，並成功地按照培根指出的方向推進了自然哲學。培根提出過人類謬誤的源泉之一是所謂「種族假象」，即把只屬於自然的變遷與人的行為等同起來，把自然的行為誤以為類似於人的行為。銳德看到，反過來也有人把人們的活動理解成物理世界的運動，並指出這裡關鍵的錯誤是人們使用了類比推理這一極不牢靠的推理形式。後面我們將會看到，銳德在對近代哲學中所流行的觀念論的批判中，在他對因

---

❻　見弗瑞舍《托馬斯・銳德》，頁59。

❼　康德《未來形而上學導論》，頁9。

❽　培根曾背叛自己的恩人艾塞克斯勳爵。

果關係及意志自由問題的論述中，都用到了這一分析方法。培根也提出過「語言假象」，認為人們常常受語言的欺騙。事實上有的語詞所表述的東西事實上並不存在，或者雖然存在，卻被語詞表達得極不精確。銳德把語詞的澄清看得極為重要，他甚至認為，對知識的發展的最大的障礙，莫過於語言的模稜兩可。後面我們也將會看到，銳德對很多哲學問題的討論，都是通過澄清語詞的涵義入手的。斯圖爾特在他寫的銳德傳記中說，「在他（銳德）的著作的每一頁上，幾乎都可以找到《新工具》（培根的名著）一書中的總的觀點及其影響。」❾甚至在銳德的墓誌銘上，也有著培根的名字「……銳德在人類心靈科學的各方面創造了全面的新的開端，正如培根在自然科學方面所作的一樣。」❿

銳德在他的著作中從未提及過他自己大學時代的導師喬治·特布爾。這或許是因為他從特布爾那裡學到的主要是從培根到牛頓以來一脈相承的方法論原則。銳德的哲學中有一些重要的結論與特布爾的觀點十分一致。由此推測，特布爾對他的影響，應當也是很深的。特布爾稱常識為所有問題的最終裁判。「常識足以教導那些認真關注的思考者，使之認識到所有的日常生活的責任，我們對上帝和同胞的一切職責，及所有道德上的界約及義務。」⓫這一觀點可以說是銳德常識哲學之先聲。此外，銳德強調的形而上學的「原因」和物理的「原因」的區分（前者指動力因，後者指自然規律性），在特布爾那裡就有。特布爾也和銳德一樣，強調日常語言的重要哲學意義。

---

❾　漢密爾頓《托馬斯·銳德論著集》，頁8–9。

❿　參見戴文旁特《銳德獲益於培根之處》，*Monist*: 70，頁496–507。

⓫　轉引自弗瑞舍《托馬斯·銳德》，頁22。

除此之外,銳德的思想還受到其他不少思想家的影響和啟發,如沙夫茨伯利 Anthony Ashely Shaftesbury(1671-1713)、哈奇森和巴特勒等。銳德曾大段地引用過沙夫茨伯利有關常識的論述,來澄清究竟何為常識❷。他汲取了沙夫茨伯利和哈奇森的「道德感」概念,使之成為自己道德哲學的重要組成部分。他也在自己的倫理學體系中揉合進了巴特勒關於從人類的自然特徵和本性中去尋找倫理行為之根據的思想。

關於銳德思想的來源,還有一件「公案」。1780年,一位匿名的學者在一本法國哲學家克勞迪・布菲耶Claude Buffier (1661-1737)的論著的英譯版前言中,指責銳德抄襲了布菲耶的著作,理由是二人的思想和論著顯示出驚人的一致,而銳德的第一本著作——《研究》——是在1764年,即布菲耶死後二十多年間世的。許多學者為此感到困惑。他們承認銳德與布菲耶在哲學思想上的一致性,但又難以相信銳德會是個抄襲者,因為這與銳德一貫的為人處世不一致。有的學者指出,雖然布菲耶的著作早於銳德,但銳德事實上是在完成了自己《研究》一書之後,才讀到布菲耶的著作的。而且,在讀了布菲耶的著作之後,銳德公正地承認布菲耶是亞里士多德以來第一個給與第一原則(常識)以公正評述的哲學家。但這些外在的證據並不足以令人完全信服。後來加拿大學者馬西爾一拉柯史瑞 Louise Marcil-Lacosre 為此寫了一部專著《克勞迪・布菲耶與托馬斯・銳德:兩位常識哲學家》,詳細比較了銳德與布菲耶的哲學思想,提出他們之間儘管有不少相同之處,但也有許多深刻的區別❸,

---

❷　見銳德《智力論集》第4章第2節。

❸　這些區別主要在於:布菲耶比較傾向於理性主義傳統,而銳德則傾向於經驗主義傳統。布菲耶受笛卡爾影響較深,銳德則受培根影響較深。

從而以充分的內在的論據，證明了銳德的清白。

具體表現在：布菲耶認為必須仔細區分常識與內在觀念、各種感覺與情感、世俗偏見等等；銳德則認為不可能在常識之外給常識下定義，作區別。布菲耶認為如不作仔細區分，常識的第一原則就缺乏清晰性、可靠性。對常識第一原則的論證必須不依賴於感覺經驗，感覺經驗只提供現象，不能深及事物本質。銳德則認為只有通過對日常判斷的歸納性的研究，才能發現那些原則是第一原則，是人的判斷中不可缺少的。在這種研究之前就去人為地定義常識，只能限制自己，從而排除許多可能是常識的第一原則的東西。在布菲耶看來，笛卡爾的「我思故我在」是真理的典範，而在銳德看來，它卻表明哲學家若僅以理性為終極裁判，就可以對任何命題提出挑戰，因為連「我思故我在」這樣的命題也不是邏輯地必真的，因此我們只能用歸納法去尋求人心的本性。對布菲耶，常識只是難以否定的東西，對銳德，常識是我們一切正確推論的基礎。

第二章　對觀念論的批判

　　在銳德看來，哲學家們之所以都會背離常識而走上通向休謨的道路，乃是因為他們都有意無意地接受了觀念論。所謂「觀念論」，簡而言之，就是認為我們認知的直接對象乃是觀念，而不是外在事物本身。銳德在他給詹姆士·格里高利的一封信中說：「我以為，那個榮幸地被你稱為我的哲學的理論，其主要優點即在於它對那流行的觀念論提出了疑問……在關於心靈的哲學上，能稱之為我的東西，幾乎都出自於對這個理論偏見的揭示。」❶

　　雖然銳德此語可能出於一定的謙虛，因為他的學說並不限於對觀念論的批判。但此語道出了他對這一批判的重視。而且事實上，他確實花了相當之篇幅去駁斥這個在他看來極為關鍵的哲學謬誤。

一、觀念論的內容及歷史的發展

　　標誌西歐哲學進入近代的一大轉折，乃是認識論問題成為哲學的中心問題。科學的發展推翻了一些自古以來被認為確鑿無疑的命題。好比一筐子蘋果中出現了幾個爛蘋果，人們自然對其他的蘋果也心懷疑慮，免不了問：那時選擇的標準是否可靠？近代哲學家們

---

❶　漢密爾頓《托馬斯·銳德論著集》，頁88。

都無法迴避的問題是：怎樣才能確證我們的信念之真偽？能不能確證我們的信念的真偽？

面對知識的可靠性問題，基於古代權威不再可靠可信的事實，知覺、感覺、思想等等呈現於心靈之中的內容，自然而然地成了哲學家們研究的重點對象。從笛卡爾開始，許多近代西方哲學家把所有直接呈現於心靈中的這些內容統稱為「觀念」(idea)。這裡「觀念」一詞有其特定的涵義，它不是指抽象的理論觀點，或柏拉圖式的概念❷，也不是指對某一事件或物體的泛泛而指的了解，更不是英文中 idea 一詞有時所指的「主意」或「辦法」。在那些哲學家那裡，觀念主要指的是知覺、感覺、幻覺等多種呈現於心靈之中的感性圖像。例如，我們對一個蘋果可以有形象的「觀念」，色彩的「觀念」，味道的「觀念」等等。這些觀念或者是被感官當下感覺到的，或者是被記憶喚起的。笛卡爾在他的《沉思》中寫道：「〔我的〕某些〔思想〕像事物之影像。唯有對這部分思想，「觀念」一詞才是恰當的名稱。」 雖然他後來事實上擴展了這個詞的涵義，把所有能為心靈所意識到的內容都包括進去了，但這個詞在他那裡首先指的仍是影像。

笛卡爾不僅第一個在哲學上這樣使用「觀念」一詞❸，而且，按銳德的觀點還是嚴格意義上的「觀念論」的首創者——按照這個觀念論，直接呈現於我們思想中或感覺中的不是外界事物，而是它們的觀念。正是從這個前提出發，才可能有笛卡爾對外部客觀世界

---

❷ 即使得任一事物之所以能成為這一特定事物的「原型」，如足球之為球，乃是因為它符合「球」的概念。

❸ 在日常生活用語中，當時這樣使用觀念一詞，已是不為罕見了。但在哲學上，笛卡爾是第一個，以前一直是柏拉圖式的。

的存在的懷疑——正如我們夢中的「觀念」不是對外界事物的知覺，我們只要無法排除正在作夢的可能，就無法知道我們所知覺到的一切是不是代表一個現實的世界。從這裡，笛卡爾走向了唯理論——不再依賴感性「觀念」本身，而依賴理性去推論了。

在經驗主義者洛克那兒，觀念一詞也指的是呈現於心靈之中的感性的材料。但洛克認為觀念是客觀事物的反映；是心靈和客觀世界之間的橋樑。外在事物通過我們的感官，在像「白板」一樣的心靈上留下「觀念」。心靈通過這些觀念而得以知曉外在事物的形象、大小、距離……。但事實上，洛克的理論也包含了那個其後果連洛克本人也不願意接受的觀念論，即我們直接知覺到的不是外界事物本身，而是我們對於外界事物的觀念。當我們望著遠山時，我們直接看到的不是離開我們很遠的遠山本身，而是直接呈現在我們視野中的一個山的形象。這個形象與我們（認知者）沒有任何空間距離。當我們回憶昨天的淒風苦雨時，我們直接接觸的也是當下的知覺，這個知覺與我們沒有任何時間間隔。無論是山的形象之觀念，還是淒風苦雨的觀念，均在心靈之中，而不在外界物質世界之中。心靈之與這些觀念的關係，尤如一個看立體球幕電影的人與周圍屏幕上所顯示的圖像的關係。心靈就像一個永久地被囚禁在大腦這間封閉式影院裡的人，他所能看到的一切都只是顯現在四周牆壁上的圖像，這些圖像雖然逼真，但人們無法僅從他所看到的圖像來推斷這裡面之一切乃是真實的。那看電影者，尚可走出影院，一睹真實世界，而我們的心靈卻永遠無法突破知覺的屏幕，去直接感知引起觀念的原因，它甚至無法直接論斷知覺背後有沒有這樣一個原因存在。

洛克本人雖然沒有走得那麼遠，但他已經考慮到某些觀念(如顏色、聲音、滋味等)與其原因的不一致。例如聲音的觀念與其原

因——聲波——就不相似。洛克稱這些觀念所對應的性質為「第二性質」。它們本質上是第一性質（形狀、大小、運動方式……等等），只是在某些條件下作用於我們某些感官能引起特殊知覺。

貝克萊指出，在承認觀念為思維的唯一對象的前提下，去討論觀念與外在事物客觀性質是否相似，本身就是一個邏輯錯誤，是洛克理論的一大漏洞——如果我們所能知覺到的只是觀念，而非外界事物，憑什麼我們可以斷言觀念與事物本身的相似或不相似呢？拿什麼來比較呢？所謂外界事物，無非就是我們知覺到的觀念，在觀念之外，假設有一原型，而這個原型本身又不是觀念，無法被感知到，憑空推斷觀念背後有一不可感知的物體自身的存在乃是一種謬誤推論❹。貝克萊還用了一種近乎「不講理」而又極難駁倒的論證：我們甚至無法<u>想像</u>一個存在於心靈之外的客觀物質世界，因為要想像它，它就必須在想像之中！由此，貝克萊邏輯地得出了「物體乃是感覺的複合」這一著名的唯心論論斷。這個理論真正的挑戰不在於它提出了這樣的唯心論命題，而在於：除此之外，我們還能得出什麼結論？既然我們所能感知的除了觀念還是觀念，憑什麼我們可以斷定有物質世界的存在？

在貝克萊那裡，物質世界的毀滅所出現的空白尚有一個心靈的世界去彌補——貝克萊還至少認為觀念只有在心靈中才能存在，所以心靈的存在還沒有被否認掉。所以在讀貝克萊時，銳德尚未感覺到事情的嚴重性。「我曾經如此深信這個觀念論，以致因而全盤地接受了貝克萊的體系，直到我看到它所帶來的一些別的後果，這些後果所引起的不安甚至超過了一個物質世界的失落所引起的不

---

❹ 有關兩種性質的問題，詳見第三章《知覺論》第三節。

安。」❺這些後果便是休謨在《人性論》中所揭示的。休謨把貝克萊哲學又邏輯地推進了一步，把心靈世界也摧毀了。首先，休謨使他看到，在貝克萊的世界裡，無法有其他人的存在。因為所謂其他人，也只能是感知者自己的一些觀念而已，除了自己之外的一切全部成了感知者自己的觀念。「我」成為上帝唯一的創造物孤獨地在宇宙中存在著。

　其次，這個從觀念論中推導出來的休謨體系，不僅使銳德感到他絕對地孤獨，甚至連他自己的存在也被取消了。它逼著銳德作精神上的「自殺」。在休謨的《人性論》之前，西方哲學中沒人懷疑過思想必須有一個思想者，這被認為是自明的真理。正如笛卡爾所說，「我思故我在」。 如果我有思想，那麼毫無疑問，我作為思想者必須存在。然而，休謨在他的《人性論》中提出，這只是又一個偏見。因為所有我們能夠知覺到的只是一些前後相繼而互不相連的觀念。除此之外，什麼也沒有。我們甚至無法肯定有一個不同於觀念而又感知著觀念的主體——自我。整個的宇宙，於是不再是我的觀念的集合，而只是一群互相獨立的、不屬於任何自我的觀念，就像一群飄蕩在空間無所依附的原子❻。

　銳德在一封信中寫道：「在1734年〔休謨的〕《人性論》發表之前，我從來也沒想到去懷疑那普遍接受的關於人類理解的原理。那位《人性論》的天才作者在洛克的非懷疑論的原理上建立起了一個懷疑論體系。這個體系使人沒有任何根據去相信任何一樣事物，而

---

❺　漢密爾頓《托馬斯・銳德論著集》，頁283。

❻　這一層結果，甚至在洛克那兒就已部分地揭示出來了。當洛克在討論人的同一性問題時，就曾講到「過去的『我』只存在於現在的我的記憶之中」。詳見本書第五章第二節「人的同一性」。

不是截然相反地去否認這個事物。他的推論在我看來並沒錯。因此，我們必須對其所依賴的原理提出疑問，要不然就是接受它的結論。」❼

二、銳德對觀念論的批判

在銳德看來，無論是笛卡爾的懷疑論還是休謨的懷疑論，均建築在這個「觀念論」原則上，而這個被哲學家們所普遍接受的假設本身卻缺乏嚴格的證明。「在我看來，鑑於哲學家們的權威而去接受一個摧毀所有哲學、所有宗教和道德，以及所有常識的假設，是不合理的。我決心重新研討這一課題，不去屈從於任何假設。」❽ 這個研討，導致了銳德對觀念論的批判 —— 他哲學中最引人注目的部分。

銳德對觀念論的批判，可以大致歸納為以下幾點：

（一）沒有理由相信觀念論為真。銳德指出，「觀念」一詞有二種涵義。其一是日常語言中的「觀念」一詞的涵義，人人懂得的，即思想。在這種涵義中，想一樣東西和對一樣事物的觀念乃是一回事。另一個涵義是哲學家們創造的。按照這種涵義，一樣事物被人所感知，必須在人們的思想中有一個代表，這個代表就是觀念。在這種涵義中，對一樣事物的觀念與想一樣東西成了截然不同的兩回事。人們只能有一樣事物的觀念，而不能直接去思想一樣事物。人們可以思想一個事物的觀念，卻無法去思想事物本身。但對我們思維和意識活動的反思告訴我們，並不存在這種涵義上的「觀念」。我

---

❼　萊特編《托馬斯・銳德著作集》，卷二，頁395。

❽　弗瑞舍《托馬斯・銳德》，頁63。

們知覺到外在事物，並非事物之觀念；我們回憶起過去的事件，而非對事件的觀念；我們想像事物，非事物的觀念。觀念只是我們感知的方式、記憶的方式、或想像的方式；即思維活動，而不是感知、記憶和想像的對象。

如果說「觀念」指的是心靈的感知活動、記憶活動、想像活動等等本身，那麼人人都感覺到這些，都有對這種「觀念」的經驗，毋須證明。但如果「觀念」指的不是這些活動，而是這些活動的對象，這些對象又不是一般我們所認為的感知的事物、記憶的事件、想像到的東西，而是這些東西的影像，那麼，這種對象的存在確是需要證明的。然而這種證明卻很難找到，因為持觀念論的哲學家們多數以為這不需要證明。

銳德考察了能夠找到的幾個證明：第一個是洛克的證明：每個人都有對觀念的意識。對此，銳德的回答很簡單：我們意識到的是知覺、回憶、想像等等，至於這些活動的對象是「影像」，我們並沒有意識。第二個證明是基於心物二元論的——心靈和物質是兩種根本不同的事物，因而心靈不能知覺到物質的東西，被知覺到的只能是屬於心靈一類的東西。銳德的回答是：這個論證裡有一個蘊含的前提：知覺必須是知覺者與被知覺對象的結合。但這一點並非自明的和必然的。另一個較值得一提的證明是：沒有任何東西能在自身不在的地方起作用或被作用。超距作用是不可能的。由於心靈中不能有物體，所以心靈能知覺到的只是一些呈現於心靈的影像。銳德回答說：但心靈和物體在知覺中並無相互作用。我看書時並不對書發生作用，被知覺到的事物也不作用於心靈。書本能通過光線對眼睛發生作用，但眼睛是身體的一部分，不是心靈。這種物理的「作用」只是一種比喻。我們並不知道知覺是怎麼一個過程。說心靈在

知覺中對知覺的對象發生作用是對日常語言的歪曲。即便假設了一個「觀念」、「影像」，這個影像或觀念是怎麼從遠處的物體傳過來的，仍是個謎。

銳德認為，我們在那些哲學家中能找到的對觀念存在的一個最有力的論證來自休謨。休謨的論證是這樣的：當我們離開一個桌子時，這個桌子看上去越來越小。也就是說，它的外觀體積變小了。但是真實的桌子本身或者說它的實際體積並沒改變。因而我們看到的不是真實的桌子本身❾。這個三段論可以表達為：

前提1：我們看到的桌子的外觀體積可以變化，

前提2：桌子的實際體積不會變化，

結　論：我們看到的不是真實桌子（我們看不到桌的實際體積）。

銳德寫道：「我承認這個三段論中的二個前提是正確的，但我不接受其結論。這個三段論有邏輯學所稱的二個「中詞」：第一個前提中的中詞是外觀體積，第二個前提中的中詞是實際體積。因此按照邏輯定律，結論無法從這二個前提中推出。」❿假設我們看到的是真實的桌子，為什麼它就不能在我們離開它時看上去變小？如果可能，那麼怎麼能用它的看上去變小來證明它不是真實的桌子？前提2並沒說「桌子的實際體積外觀看上去不會變化」。也許我們看到的外觀體積變化的就是實際體積不變化的桌子！用同樣的邏輯結構推論：

「桌子」這個詞可以寫成正楷，也可寫成狂草。桌子這個概念卻不能有正楷或狂草之分。所以用正楷或狂草表達的不是桌子這個

---

❾　見休謨《人類理解研究》，頁134。

❿　漢密爾頓《托馬斯·銳德論著集》，頁304。

概念。

顯然，這個推論不能成立，因為桌子這個詞也許表達的就是桌子這個概念。

（二）即便作為假設，觀念論也不能使我們更好地理解心靈。

如果事實上並不存在觀念，那麼為什麼哲學家虛構了這樣一個東西？銳德認為，人們喜歡做類比，喜歡把問題簡單化。由於平時常見物體之間的直接碰撞引起相互作用，哲學家們也想用這個模式來解釋認知與思想的其他活動。他們以為超距作用無法想像，於是想在物體與心靈之間引入一個中介，以為這樣就可以解釋外物怎麼影響心靈以及心靈如何知覺外物的過程。同時，記憶被理解成像倉庫儲存物品那樣儲存「觀念」，而想像被理解為心靈「生產」觀念。因而可以說，觀念最初被創造出來，後來又被廣泛接受的動機就是用它來理解心靈活動。但事實上，銳德認為，這種假設並不能起預想的作用。

首先，從知覺上來看，假設有一個觀念作為外物與心靈的中介，並不能解釋物體是如何作用於心靈的，而只是在這其間增加了一個需要解釋的環節。二件物體的碰撞並不一定產生任何感覺，因而感知能力並不在於直接的碰撞或接觸。假設了一個中介，並不能使這種能力更容易理解。即便有了這個中介，心靈接觸和感知那些觀念的能力和過程本身也還是個謎。這種能力並不會因為有個中介就更容易理解一些。用「印象」這個詞來解釋心靈與外物的相互作用，實際是借用了物理世界事物相互作用的模式，但實際上我們並不了解物理的事物怎麼能「印」在心靈上。而且常識告訴我們，心靈中感覺、知覺總是心靈活動，與外物的物理的現象總是不一樣的。外物的物理作用如何轉化為心靈的感知，在有了觀念這一中介後仍是

個謎。

其次，從記憶上來看，按照觀念論的說法，記憶必須有對象；而只有當這個對象是當下的東西，它才能呈現在心靈之中。過去的東西已經過去，已不能成為對象了。因而記憶乃是對於當下的觀念的知覺。而這些觀念又是過去的印象的複本，因而可以稱之為記憶。銳德指出，這裡對過去的事物、事件（印象）的觀念之觀想本身就是大腦的記憶活動和活動的方式，不能認為在活動的方式之外還有與之分離著存在的作為「對象」的觀念。記憶的對象只能是過去的事物或事件。確實，過去的事物或事件已經過去了，不能直接以物理的方式呈現於感官或心靈面前。但記憶活動本身和所記憶的事物是不同的。觀念論只會混淆二者的區別。記憶活動是當下的，其內容也以大腦活動的方式而在當下存在。但其對象卻只能是過去的，否則就不成其為記憶了。正如知覺的對象必須是當下的，不然就不成其為知覺了。強調記憶活動的「對象」的當下性，只會混淆語言──既如此，這一活動又怎能成為記憶？──我們還是要追溯到過去的事物或事件，才能證明這是記憶。

第三，從想像上來看，更能看出「觀念」之無用。通過「觀念」來想像某種存在的東西，只能更引入了「對不存在的東西的觀念」這個需要解釋的東西。沒有這個中介，只會使事情清楚得多：我想像的是一個獨角獸。我既不是想像二個東西──一個獨角獸的觀念，加上一個獨角獸本身──也不是想像一個獨角獸的觀念。我只是想像一個獨角獸。

（三）觀念論不僅缺乏正面的論證可使人信其為真，也不僅是一種無用的假設，我們還有理由可以相信它是錯的。

(1)觀念論的支持者們認為，思想的對象必須是（只能是）觀念。

貝克萊著名的論證是：你能不能想像一個不是觀念的存在物？對這個問題的回答只能是「不能」；因為說「能」會引起自相矛盾——你所想像的存在物是一種想像，而想像則仍然是觀念。銳德指出，貝克萊的論證中實際上蘊含了對他自己的否定。因為，儘管想像仍是觀念，所想像的東西並不是觀念。也就是說，貝克萊自己承認了我們可以想像與觀念不同的東西。銳德還進一步指出，感覺和所知覺到的東西是截然不同的。我可以感覺到劍尖刺我時的痛，同時也知覺到劍的硬度、廣延和運動。當我比較痛的感覺與對劍的硬度等等的知覺時，我可以明確地看到這二者的區別——前者是我的感覺，後者卻是我們對外界事物的認識。痛的感覺與對劍的硬度的知覺之間沒有相似之處。而且，感覺是無法測量的，而劍的硬度等等是可以測量的❶。

(2)由於觀念理論認為思想的對象只能是觀念，這個理論必然地導致這樣一個荒謬的結論，即無論一個人想到什麼，這個被想到的東西就是存在的。也就是說，這個思想的對象，作為觀念，是存在的。既然思想的所有對象都只是觀念，那麼，也就無所謂「存在的事物的觀念」與「不存在的事物的觀念」之分了。但常識卻告訴我們，呈現於我們思想的有些事物是存在的，有些事物卻是不存在的。如飛龍、獨角獸就是一種虛構。人們也許會問，那麼怎樣解釋人們對虛構對象的思維，或者人們的幻覺、錯覺的對象呢？即使是虛構，是錯覺，也需要有虛構或錯覺的對象呀！銳德的回答是，正因為這些思維活動的對象事實上是不存在的，所以我們才稱之為虛構或錯覺。當我們對自己的思維或感覺的真實性有所懷疑時，我們說「我想我看見過這個東西」，這裡「我想」就表示了對這個東西事實上是

❶ 漢密爾頓《托馬斯・銳德論著集》，頁119–120。

否存在的一種保留或謹慎態度，即事實上也許並不存在這樣一個對象。這裡的關鍵是，由於觀念論錯把觀念作為思想的對象，他們反而混淆了思想活動本身與思想的對象。一個呈現於心靈的圖像並不是思想的對象，而是思想活動的方式。思想及思想的方式屬於思維活動，而思想的對象卻不是思維活動。

(3) 也是由於觀念論認為思想的對象只能是觀念，這導致了由貝克萊到休謨的懷疑論哲學。雖然貝克萊自稱他的哲學符合常識，並稱自己反對懷疑論，因為他不否認「真正的事物」的存在，但人人都認為他的哲學最違背常識，是對客觀事物的最極端的懷疑論。而這種懷疑論的主要根基就是觀念論的基本假設：我們知覺到的只是觀念，而非真實事物自身。正是由此出發，一切不被我當下知覺到的東西，如物體、上帝、心靈、我自己的過去的觀念、我自己的心靈、能力、事物間的客觀聯繫就都被否定了。同樣是由於認為知識的對象只能是觀念，導致了休謨對因果聯繫的懷疑。在休謨看來，我們無法感知到原因具有產生結果的「能力」，也看不到能力「產生」結果。因此，因果聯繫只是事件的恆常會合。銳德指出，確實，能力並不是直接呈現於感官或意識的東西，它是看不到、摸不著、聽不見、嚐不了、嗅不出的。它甚至不呈現於意識中，因為意識只是對心靈活動的當下知識。但「能力」不是「活動」，而是在活動背後的東西。因此，休謨說我們對能力不能有任何「觀念」是正確的。但是我們卻可以對能力有清楚的理解。能力是屬於那種只能通過它們對別的事物的聯繫，通過它們的性質或屬性來理解的東西；正如我們對物質和心靈的概念一樣。物質指的是有廣延的、實體的、占據空間的東西。但如果要問：除了它的性質，它本身是什麼？我們確實無法給出一個滿意的答覆來。這是因為物質是屬於只能通過其

屬性間接地被認識到的東西。心靈也是同樣，它是思維的實體。但除去它能思想，若要問它本身是什麼，我們也無法回答。再如，何謂「熱」？　我們只能說它是一種能以某種方式作用於我們身體的一種性質。除了它的作用，我們也無法回答它本身是什麼。

如果說這些事物除了它們作用於我們，被我們感知到的性質之外，什麼也不是，是虛設，這也不近情理。例如「能力」。它的展示是一回事，它本身是另一回事。沒有能力就不會有能力的展示，但卻可以有未展示的能力。如一個沉默的人可以有說話的能力，一個坐著的人有行走的能力，一個人提著十磅重的東西，可以實際上有提二十磅的能力。那怕他一輩子不提二十磅重的東西，他還是有此能力。如果按照觀念理論，我們思想的對象只能是觀念，那麼我們勢必只能拋棄對這一切事物的認識，並且如休謨所說的那樣，把這些概念看作是無意義的了。

(4) 使用觀念一類的詞把本來複雜的心靈運作人為地簡單化了。例如休謨把當下的感覺、感情、思維等全歸結到「印象」和「觀念」（印象的複本），又把印象和觀念統稱為知覺。按照這種觀點，「當一個人憤怒時，我們必須說這個人有憤怒的知覺。當一個人產生了愛情，我們只能說他有愛的知覺。他（休謨）經常提到記憶的知覺、想像的知覺。也許他還同樣可以說聽到視覺、聞到觸覺。因為顯然無論是聽覺和視覺的區別還是嗅覺和觸覺之間的區別，都不會大於知覺與記憶及知覺和想像之間的區別。」⓬

把所有這些統稱為知覺是對語言的粗暴褻瀆。因為凡使用日常語言的人都知道知覺 (perception) 指的僅是感官提供的有關外部事物的信息，不能用以指稱情感、記憶、想像之類的心靈活動。

⓬　萊特《托馬斯・銳德著作集》，卷一，頁7。

這種簡單化不僅僅是對語言的不尊重，更重要的是它會引起許多後果。例如按照觀念理論，我們思想的對象只能是當下呈現於心靈的觀念。我們甚至無法說「回憶」起一個觀念，因為以前的觀念本身無法被喚回。它已永遠消失。一個人所能得到的只是與那以前的觀念相似的新觀念。對這個相似的觀念的思考，便不能說是「記憶」或「回憶」， 因為回憶或記憶的對象應當是已發生過的事情或過去的事物本身，而不是與它們相似的什麼東西。如果說我們當下的觀念只是個中介，它聯繫著過去的事或物與現在當下的思想者，那麼我們便又回到了「第三者」的問題——究竟有無必要去引入這個第三者？回答仍然是：不但沒必要，而且有害。因為一旦引入這第三者，一旦它成了「回憶的對象」，我們憑什麼說它的原型發生於過去的什麼時日？憑什麼說它與過去的事物相像？拿什麼來比較？——除了當下的心靈中的「觀念」什麼也沒有。

如果說記憶中的觀念是過去得到的印象的複本，人通過這個複本回憶起過去的印象，那麼這個複本與其原本的關係是怎麼確定的呢？是如休謨所說，僅僅在於強烈程度和鮮明度的不同嗎？但他自己也承認，有時候作為複本的觀念也可以強烈鮮明，而作為原本的印象也可以微弱暗淡。可見這個標準本身不足以使我們確定一個觀念之為記憶。況且，強烈和鮮明程度也不足以使我們區分記憶和想像二者。

由於觀念論，我們與一切事物的關係也被歪曲了。如果我的父親、兄弟、朋友都只是我的觀念，那麼他們和我的關係就只能與我的牙痛和我的關係一樣，只有我才能感覺到。我的父兄朋友就不能與別人有任何同樣的關係[13]。

[13] 漢密爾頓《托馬斯・銳德論著集》，頁285。

　　一句話，如果接受觀念論，就必須對整個日常語言作一個徹底改造。這一新的語言系統不僅與現有的語言完全相悖，而且關鍵在於它將是一個拙劣的系統。它不具有現有日常語言的豐富性和精確性，也無法完成現有日常語言所完成的各種功能。

　　(5)觀念論也無法解釋帶普遍性的概念。洛克曾認為概念是抽象觀念——是從特殊的具體的觀念中抽象出來的。例如人的概念就是從白人黑人男人女人高的人矮的人……等等中抽象出來的。但如貝克萊和休謨指出的，人們無法形成一個非男非女非老非少……的抽象的人的觀念。按照一般的常識，普遍概念並非具體的特殊的心靈存在物——影像或心靈的活動。它們是普遍語詞的涵義，雖然這種帶有普遍性的涵義必須存在於特殊事物——詞語之中。可是由於在觀念論的框架中，觀念是具體的特殊的思維對象，因此洛克的「抽象觀念」論就陷入了自相矛盾。即既承認人有抽象提高的功能，又想把抽象提高出來的東西仍然歸結為具體特殊的存在。貝克萊和休謨沒看到這裡毛病是出在觀念論上。他們不但沒去觸動觀念論，反而去否認了洛克所看到的人所具有的對特殊事物進行抽象概括而形成概念的能力。他們提出，所謂概念實際上是我們用一個特殊的個體的觀念去代表一類特殊的個體。例如我們可以用大衛・休謨這個人的觀念去代表所有的人。但由於這個代表一類特殊個體的觀念本身是屬於這類個體的特殊個體，就產生了它如何能代表一類特殊觀念的問題。為什麼這個觀念在這裡代表的是人，而非男人、蘇格蘭人、有頭髮的存在物、會動的東西或者別的什麼？這個「代表人」的功能是通過什麼來確定的？在這一點上，休謨與貝克萊的理論變得很難有說服力，關鍵仍然是在他們的理論基礎——觀念論上。這種理論把人的抽象能力也否定了，從而取消了人與其他動物在理解

力上的最大的區別 ⓔ 。

三、這一批判的意義

銳德對觀念論的批判抓住了從笛卡爾到休謨的懷疑論的關鍵。正是從這個觀念論前提出發，才有了從笛卡爾到休謨的懷疑論。觀念像是一道不可逾越的屏障，阻隔在認知主體與客觀世界之間，使人絕望，覺得自己整個地被觀念封閉起來，無法窺視客觀世界的真容。笛卡爾由此而否定了感性經驗的可靠性，走向了試圖用理性推論去證明客觀世界存在的道路。洛克試圖在經驗的基礎上去探討外部事物的真相，判斷觀念與事物是否「相似」，結果陷入了自相矛盾，理所當然地受到貝克萊的抨擊。貝克萊自己設定的精神實體又被休謨所否定，而休謨使用的基本前提，正是貝克萊用來否定洛克所使用的觀念論。近代哲學以充滿理想和信心開端，逐步走向迷惘乃至絕望。這個過程中，觀念論像是潛伏著的病毒，逐漸發揮它的威力。銳德寫道:「觀念似乎在本性上就對別的一切都持不友好的態度。它們最初被介紹到哲學中來時，只是作為事物的代表或影像，一付謙恭的模樣。好像不僅沒有任何威脅性，反而能為解釋人類理智的運作提供出色的服務。但一旦人們開始用它們來進行明晰的推論，它們就逐漸排擠了它們所代表的東西，把一切異己者都謀害了。」ⓕ 這個過程在笛卡爾那裡就已開始了。要治愈這種絕望症，就必須從排除這一病毒入手。

可以說，康德和銳德二人都是在排除觀念論的基礎上建立新的

ⓔ　有關銳德本人關於抽象概念的觀點，請看第三章第四節。

ⓕ　杜根編《研究》，頁33。

哲學的。康德以其天才睿智，繞開了觀念論，他用「我們對客觀世界的認識如何才是可能的」這樣一個「超驗」問題去取代了原先的「我們如何認識客觀世界」的問題。這樣一來，他就可以說，唯有設定觀念論是錯的，設定我們能感知到外部世界，而不只是我們的觀念，才可能有對客觀世界的認識。他沒有認真去批判觀念論，他只是把觀念一詞又重新在柏拉圖式的涵義上使用。即作為概念，而非感性的東西。這一招固然高明，卻不免有點狡黠，因為它還只是個「如果……那麼……」的論證。由於它的「超驗」性質，使康德免去了最終去直接證明我們有對客觀世界的認識這一麻煩。銳德不像康德那麼狡黠，他的「劍術」不那麼輕靈飄逸，卻實實在在。他明確了當地批評觀念論為謬談，這個謬談不只是在於承認了它就會導致懷疑論的結果，就會得出「客觀世界不可認識」的結論。最根本的，乃是由於它本身的謬誤才導致了懷疑論的結果。雖然銳德也常常用歸謬法去批評觀念論，如指出假如觀念論是正確的，那麼複雜的心靈運作會被簡單化，會引起想到一事物，一事物就存在的荒謬結論，等等。但他最核心的批判是指出，觀念論的要害在於把觀念作為思想對象，而不是思維活動本身的方式。這個批判不是什麼歸謬法，而是試圖直接指出它本身的謬誤。它本身確實也很有分量和說服力。把思維的內容看成某種「東西」，某種「存在物」，的確不如把它看成思維的方式更妥當一些。當我感到痛時，痛的感覺與其說是一種東西，不如說是一種特定的感覺方式。當代美國哲學家般耐特 J. Bennett也認為，「觀念不是精神性的存在物，而是感知的方式。」[16]般耐特把觀念與心境作了類比——正如心境是一種狀態而非具體事物一樣，觀念也不是一種事物。他認為「看到觀念」、「聽

---

[16] 見般耐特《洛克，貝克萊，休謨：中心論題》，第五節。

到觀念」之類的說法是錯誤的。觀念就是聽、看之類的活動本身的方式。一旦我們把觀念看成方式而非對象，那麼，就像一種心理學上的「格式塔」變換，整個圖像立即就不一樣了。觀念不再是一道阻隔主客世界的屏障。就像去掉了白內障的人重見光明一樣，我們所感知的原來是現實世界本身。——當然，被感知到的東西與感知方式本身的關係還是一個極大的題目有待探索（這是下一章要討論的），但至少瞎子見到了光明。就憑這一點，銳德哲學也可以看成一個轉折點，一個里程碑。

當然銳德對觀念論的批評並不一勞永逸地解決問題。它本身還有很多值得研究探討之處。觀念論並非懷疑論的唯一根源。略追溯一下懷疑論的歷史就能看到，人們觀點、信念上的巨大差異也導致人們對自己信念的懷疑。《莊子·齊物論》中的懷疑論就常常是從這個角度來講的——假如我與你辯論，你勝了，就證明你對我錯？如果我勝了，就證明我對你錯？或證明對錯不定？或者我們都對或都錯？如你我都不知，第三者當然就更茫然。誰能來判斷呢？讓同意你的人來判斷？如果他已同意於你，他怎能公斷？找同意我的人麼？如他已同意我，他又怎能公斷？找既不同意你也不同意我的？如他已認為我倆都錯，他又怎能公斷？結論很明顯，沒人能知道對錯。——這裡我們找不到一點觀念論，但結論是典型的懷疑論。

銳德對觀念論的批評並不是他的全部理論。他對懷疑論的答覆也不只是對觀念論的否定。完整的對懷疑論的答覆，還有待於建立他自己的知覺論及常識理論。僅僅對觀念論的否定還不足以使懷疑論者沉默，他們還可以說：也許設定一個中介是缺乏理由，但何以證明我們能認知事物本身？何以見得我們對事物有直接的認識？

第三章　知覺論

在第二章中，我們著重介紹了銳德對觀念論的批判和拒斥。在本章中，我們轉向著重介紹他自己對有關知覺、感覺等心靈現象的理解。

一、感覺與知覺

在銳德看來，包括觀念論在內的許多哲學上的謬誤及懸而無解的難題都與哲學家們沒能清醒地看到感覺 (sensation) 與知覺 (perception) 之間的區別有關。雖然日常生活中人們並不需要對這二者作出明確的區分，但如果我們要從哲學上對它們有一個清楚的認識，這個區分是絕對必須的。

銳德對感覺和知覺的區分，主要可歸結為以下三點：

首先，知覺的特點是有一個客觀自存的對象，而感覺的特點，是它沒有客觀自存的對象。感覺本身與被感覺到的東西乃是一回事。比如說痛的感覺。痛是被感覺到的東西，也是感覺本身。當痛在不被感覺到時，它就不存在。所以在感覺中，並不存在一種與感覺這一心靈活動相區別的對象存在——所有的感覺都是如此。而知覺則不同。知覺與所知覺到的事物不是一回事。被知覺到的事物，例如

一朵玫瑰花，在不被我們知覺到時仍然可以獨立存在。當然，在知覺時，我們同時也有感覺。例如，當我聞一朵玫瑰花時，心靈就同時產生知覺與感覺。這時我聞到的香氣，是我對玫瑰花的知覺的一部分。在我不去聞它時，這種香氣作為一種在空氣中瀰漫的細微的物質還是存在的。但另一方面，我得到了香的感覺，卻僅僅是一種感覺，它的本質就在於被感覺到；當它不被感覺到時，它就不存在。在這種情況下，感覺是我的知覺方式，感覺作為一種方式，它並沒有對象，知覺才是有對象的。

其次，感覺不可能錯，知覺卻可能錯。與上一個特點相聯繫，由於感覺在本質上就是被感覺到，感覺就是感覺到的一切。「它的貨物全部在它的櫥窗裡。」除了被感覺到的東西以外，它沒有任何隱藏著的特徵或性質。一個人不可能有疼痛而不感覺到疼痛；當他感覺到疼痛時，這個痛也不可能是假的，或者是比他實際感覺到的更強或更弱，所有其他的感覺也都是一樣。但知覺卻不一樣，由於知覺有一個與知覺的心靈活動相區別的對象，所以被知覺到的東西可以是真的或是假的，也可以多於或少於那個對象本身所具有的特徵或性質。哲學家們總是說感覺不可靠，說感覺可以欺騙我們。他們常常引用以下這些例子，一根半插在水裡的直的棍子看上去是彎的；一個方塔看上去是圓的；一座大山遠看像個小丘；一個白色的圓盤斜看像個灰色的橢圓，等等。這些哲學家實在是錯怪了感覺。其實感覺本身並不欺騙我們。半插於水的直棍在視覺中確是彎的；方塔在視覺中確是不方；遠望大山的視覺形象確是不大；斜看白色圓盤時得到的視覺形象也確實是灰的橢圓。我們的錯誤主要出在以下四個方面：(1)我們傾向於對感覺作出草率的結論。例如我們對一枚偽幣的感覺本身並不告訴我們它是真的（或假的）。我們的錯誤乃在於

從其外觀與真幣的相似而作出草率的判斷，以為它是真的。事實上，那對偽幣的感覺不僅是無辜的，而且它恰恰是我們識別偽幣的不可缺少的證據，沒有它，我們根本無從識別真偽。(2)我們的錯誤往往出在不只是依賴當下直接的感覺，而是把過去的經驗中學來的東西運用來理解和判斷當下的感覺。例如將畫中之物當成真的，就是使用了過去經驗中看到的真實事物的形象來理解它而造成的。(3)錯誤還出在我們不懂自然規律。如果一個人懂得一點光學，就不會把半插於水的直棍當成彎的了。(4)最後，我們自己腦子、神經系統或感官的不健全，也會造成錯誤。一個精神病患者就會對感覺得出許多錯誤的結論。

銳德的這一思想，與笛卡爾、洛克及貝克萊有相通之處。笛卡爾認為人心有二部分：理解力(understanding)與意志(will)。理解力是知覺能力，它只有強弱之分。其結果是產生清楚的或者朦朧的知覺，無所謂對與錯。意志才是作出是非真偽判斷的能力。例如，當我感到痛時，這個痛的知覺不會錯。但如果我說「我感到腳痛」，這裡就包含了我的判斷了──這個痛就來自於腳上。這種判斷可能錯，因為一個被截去腿的人也會有幻肢感，也會感到似乎是被截去的腳的部位在痛。洛克和貝克萊也曾提出過，在心靈把判斷加諸於觀念之前，觀念本身是不具備對或錯的能力的。不過，笛卡爾和洛克、貝克萊都把這種「不可錯」的特性草率地賦予所有他們稱之為「知覺」的心靈活動。銳德則僅將它限制在與知覺不同的感覺領域內。

要理解銳德關於感覺不會錯、知覺會錯的觀點，我們還必須與二者的第三個區別結合起來看：

第三，感覺自然地、必然地與對感覺的信念聯繫在一起；知覺

則必然地、立即地與對外物的信念聯繫在一起。當一個人感覺到痛時，這人自然地，並且必不可免地相信他痛；當他嚐到甜的感覺時，也自然又必然地相信他有甜的感覺。儘管這種信念也許並不是被本人清楚地意識到的。感覺蘊含著對感覺主體的存在的信念，以及對這個主體受到某種方式的影響的信念；知覺則蘊含了對有別於知覺者心靈，也有別於知覺行為本身的外界事物的立即的確認和信念。這裡，二者的相同點是它們都不是完全消極被動地接受信息，在接受信息的同時，心靈會自動地作出某種判斷，並形成某種信念。感知的過程也就是判斷的過程。銳德曾提到，實際上英文中「sense」一詞既可表達「感知」、「感覺」、「感官」，亦可表達「判斷」。「在日常語言中，sense 總是蘊含著判斷。『a man of sense』是『一個有判斷力的人』，『good sense』是指良好的判斷力，『nonsense』是指明顯有悖於正確判斷，『common sense』是指我們能與之交流意見和來往的一般人所具有的判斷力。」❶感覺和知覺所帶來的信念的區別在於，前者是關於感覺方式的信念，後者則是對外部事物的信念。

由於感覺方式就是感覺本身，它一覽無餘地呈現在感覺之中，所以我們對它的直接信念（即有如此這般的感覺）是不會錯的。當然，一旦我們要用語詞去作出判斷或那怕只是對這個「如此這般」作出描述，我們就可能會出錯了。還拿前面的幻肢感為例，有此幻肢感者必會同時產生自己有如此這般的感覺的信念。如果硬要用語言去取代「如此這般」，他或許可以說自己有「感到一種似乎來自於腳部的一種我一般會稱作為痛的感覺」這麼一種信念。這個信念不會錯。但此人如果在這個基礎上跨出一步，作出「我感到腳痛」的判斷，就錯了。這裡錯的可能性不僅僅在於此人可能並沒有腳，它

---

❶　萊特《托馬斯・銳德著作集》，卷一，頁379。

還來自於此人可能誤用概念——如果此人初學中文，詞彙不多，把麻說成是痛，他關於「我感到腳痛」的信念也就錯了。

知覺所帶的直接信念與感覺的直接信念不同。由於知覺的直接信念就是關於所知覺到的對象的信念，因而即便在沒用語詞去表達時，它也可能會錯。前面已說過，知覺的對象是外界的客觀事物，它們並不一覽無餘地呈現在知覺面前，而我們也就無法總是能察覺到自己知覺器官有沒有「歪曲」外界事物的真實形象。這裡特別值得一提的是銳德在《研究》「論視覺」章「可見事物的幾何學」一節中所舉的例子。銳德要求讀者設想自己的眼睛處在一個半透明的球體中間。這個設想是為了讓讀者更容易地理解到眼睛所接受到的「印象」是什麼，因為我們的眼睛就是這樣一個球體。銳德指出，在這種情況下，唯有環繞球體之圓周的線條才會在我們眼中看來是直線，而真正的直線在反映到球體上時都會受到「歪曲」！ 三條環繞球體的線條可能會被眼睛看成是一個直角三角形，而事實上這個三角形（在球體上）三個角的總和超出一百八十度。然而這又恰恰是可見的直角三角形映射在眼睛上時的情況。這時，知覺所帶來的一個直接的信念就是外物是直角三角形的形象（不僅僅是我們視覺形象是如此，而是認為外物本身就是如此）。我們並不是看到一個球面上的三角形，然後通過它去推論外界真實的三角形，作出間接的判斷。我們是在自己都不知道的情況下，自然而然地由眼睛裡看到的直角三角形形象的示意而去判斷外界事物的形象的。

這個例子引起學者們很大的興趣。科學史家們從這裡得出，銳德早在1764年就提出了非歐幾里德幾何學，比公認的非歐幾何之祖雷曼 G. F. B. Riemann(1826–1866) 早了近一世紀。從哲學的角度看，這裡能發掘的哲學涵義也很多。就上述關於知覺可錯的問題而

言，它十分形象具體地說明了為什麼知覺所帶來的直接信念是可錯的。

既然知覺與感覺有這麼大的區別，為什麼歷來人們都沒有看到其區別呢？銳德認為，這是由於日常生活中並不需要作出這種仔細的分析，而且日常語言的結構，又使人容易產生二者間的誤解。例如，「我感到一陣痛」與「我看到一棵樹」，這二句陳述均由主動賓三部分構成，看上去沒什麼兩樣。但仔細去分析一下，就可以看出，在第一句中，動詞所描述的心靈活動與賓詞中活動的內容只是一種語法上的區分，實質上卻是一回事；而在第二句中，動詞所描述的心靈活動與其對象的區分不僅僅是語法上的，也是實質上的。前一句描述一種感覺，後一句描述知覺。再有一個原因，就是感覺和知覺常常有密切的聯繫。當我們看到一樣真實的東西時，我們就既有感覺，也有對此物的知覺。作為一種主體的感受，它是感覺，但由於這個感受同時又是此物引起的，是有對象的，是伴隨著對那個外物的信念而來的，因而它同時也是知覺。這時，知覺和感覺是從不同角度來看同一主體感受。事實上，在銳德看來，所有知覺都必然伴隨著感覺，知覺依賴於感覺為其先決條件，沒有感覺就沒有知覺。但反之並不成立。當我們眼前出現幻覺，事實上並沒有客觀對象存在時，我們就只有感覺而無知覺。或者，如果我們從「知覺」的角度來看，就要稱之為「錯覺」，因為知覺不只是主體體驗，它還以對象——外物的存在為條件。同樣，記憶也以所記憶的事物確曾在過去發生過為條件，否則就不能稱之為記憶。

銳德有關感覺既伴隨著判斷，這種判斷又不會錯的觀點，引出一個有趣的哲學問題。為了解這個問題本身，我們有必要交代一些歷史背景。在康德之前，萊布尼茨和休謨曾提出所有的命題可歸結

為二類：第一類為「理性的真理」（萊布尼茨）或「觀念的聯繫」（休謨）。屬於這一類的命題，其真偽之判斷不依賴於後天所獲得的經驗，所以是先天的。例如「三角形必有三個角」這個命題的對錯，一個從未見過三角形的人也能判斷。同時，這類命題也是分析的。如上述命題中，「三角形」這個概念中就蘊含了它必為三角，只要懂得這個概念的人，都可從這個概念的分析中得出「三角形必有三個角」的結論。對這類命題的否定，會導致邏輯上的自相矛盾。第二類命題為「事實的真理」（萊布尼茨）或「事實的關係」（休謨）。屬於這一類的命題，其真偽之判斷必須依賴於經驗，所以是後天的。人們無法從概念分析中去得出這一類的結論。所以它們也不是分析的，而是綜合的。例如「所有的孩子均是父母所生」，就是一個後天的綜合命題。雖然它在事實上是對的，但它的真理性不是邏輯上必然的。從「孩子」這個概念中得不出「必為父母所生」。我們之所以知道所有的孩子均是父母所生，乃是由於我們的經驗告訴我們，迄今為止我們知道的孩子均為父母所生，沒人見過從泥土裡長出來的孩子。

如果萊布尼茨和休謨是正確的，那麼所有的命題均可歸入這二類，即：

(1)後天的綜合命題。

(2)先天的分析命題。

這裡「後天」或「先天」指的是其真偽是否依賴經驗的判斷；「分析」或「綜合」指的是其是否為邏輯上必真。

康德指出，除了上述二類命題之外，還存在著第三類命題，即：

(3)先天的綜合命題。

也就是說，有的命題既非邏輯必真的，然而其真偽又是不依賴經驗

檢驗的。例如，「事必有因」就屬於這樣的命題。它既非邏輯必真，然而又是我們為自己先天的理性思維框架所制約而不得不接受的。康德這一論斷，引起了一場哲學上的革命。因它與我們目前要討論的內容無直接關聯，故暫且擱起。這裡我想引出的問題是：有沒有第四類命題，即：

(4)後天的分析命題？

歷來的哲學家們都認為後天的命題都是綜合的。然而，如果感覺不會錯，那麼類似於「我感到痛」之類的命題豈不就是後天的分析命題？首先，它們是後天的，是依賴於感覺者的經驗檢驗真偽的。其次，對感覺者來說，它們又是不可能錯的，必真的。我不可能相信自己感到痛而實際上卻不痛。當然，前面提到過的語詞的誤用會帶來一些複雜性，我也許實際上感到的是麻，但卻將它表述成「我感到痛」。但如果我們把語詞看成概念的符號，那麼即便我誤用了「痛」去標示「麻」的概念，我在使用「痛」時實際上其涵義是「麻」。當我說「我感到痛」時，我的命題的實際涵義乃是「我感到麻」。這個命題仍沒錯，只是表述上錯了。

二、知覺及對外物存在的信念

知覺雖然是可錯的，但是知覺中所帶來的各種信念，有強烈和清晰程度的不同。其中最基本也是最強烈的信念，是對於外物存在的信念。銳德認為，細察那叫做「對事物的知覺」的心靈活動，我們會發現其中有以下三個因素。首先，是對知覺到的事物的某種概念。這裡銳德使用的「概念」一詞 (notion, conception) 是十分廣義的，它可以是「僅僅通過外在感官而從知覺對象那裡得到的」。因而

它不必是指抽象的概念，或對事物的各種屬性、不同部分的聯繫等等的認識的總括。一個嬰兒的知覺也可以說包含了這種廣義上的概念——實際上銳德指的是，一個人不可能對一個對象有知覺而對這個對象毫無知曉❷。

其次，知覺中伴隨著對所知覺到的事物的存在的強烈而不可抗拒的確信。對於這一點，可以有二層理解。一方面它似乎是從語義分析中得來的，就像「知道」一詞蘊含著對所知內容的確信一樣（我們不能說「我知道這是真的，但我並不相信」）。銳德指出，對於我們不是十分確信的存在物，我們從不使用「知覺」一詞。所以知覺與想像或幻覺是不同的。而且，「知覺」一詞在英語的日常語言中，只用於外部事物，而不用於心靈中的事物。當我感到痛時，我不說知覺到痛，而是說我感到痛，或意識到痛。因而知覺和感覺與意識又相區別。還有，知覺的對象必須是某種現存的而非屬於過去的事物，因而它與記憶又是不同的❸。換句話說，「知覺」一詞本身的涵義就規定了只有對於我們所確信是客觀地現存於外部世界的東西，我們才可以使用「知覺」一詞。否則我們就只能加上「我好像知覺到……」之類的詞，以表示自己並不很確信。

對這種確信的另一層理解是：這不是來自於對「知覺」的語義分析，而是一種事實陳述。當一個知覺清晰穩定時，它具有強烈而不可抗拒的說服力，使人對於知覺到的事物的存在確信無疑。銳德常常說，知覺本身有一種「權威」，它會「命令」我們去相信它。與知覺一樣，記憶也包含著對所記憶的事物的確信。知覺和記憶唯一的不同乃是知覺的對象是當下的，而記憶的對象是過去的。記憶和

---

❷　見《智力論集》，頁112。

❸　見《智力論集》，頁113。

知覺中所包含的這種確信都是「想像」中所沒有的。這就是記憶和知覺二者與想像的根本區別。

第三，銳德說，這種確信或判斷還是當下直接的，不是推論或證明的結果❹。我們在知覺時，並沒有試圖去推論，也不會想到要在知覺之外，或在知覺的背後去進一步尋找外物存在的論據。知覺本身的權威迫使我們立即產生外物存在的信念。雖然我們無法對這些信念的可靠性作出論證，但那是因為所有的論證都只能借助於與它們具有相同說服力的或者是比它們更弱的命題作為出發點。笛卡爾以來的近代哲學家們之所以認為這一類的信念需要論證，部分地是因為他們沒有看到這些信念的直接性和不可論證性。這裡，不可論證性既包括無法去確證它們，也包括無法用論證去動搖它們。一個哲學家可以在自己的書齋裡懷疑知覺的可靠性，但一旦他自己面對具體的、個別的知覺時，他也沒法拒絕對外物存在的確信。而他在書齋裡懷疑知覺的可靠性時，他正受著自己創造出來的觀念論的欺騙，以為他知覺到的不是真實的事物，而是觀念。於是，真實的事物的存在，就變成是需要證明的了。

思維敏銳的人會提出：這裡我們需要區分二個不同的問題，一是對知覺中得來的這一信念能否有論證，另一個是對它需不需要有論證。也許銳德關於它無法有論證的觀點是對的，但這並不證明它是可靠的，是不需要證明的。或許我們為自己本性所限制，只能達到這麼深，無法對這信念找到論證，然而這信念卻並不牢靠。

銳德的意思，顯然是這種信念既無法有論證，也毋需有論證。他並不是說，我們純粹是處於一種不幸的境地，為自然或造物主所決定不得不去接受一套強加於我們的信念。他所說的知覺本身所具

---

❹　見《智力論集》，頁116。

有的權威，既意味著它的不可抗拒性，也意味著它本身帶有極強的說服力。知覺並不純粹靠強制力來壓服我們，逼迫我們去接受它，它更重要的是有一種內在的力量使我們信服。這個力量來自於知覺的清晰性和穩定性，面對這種清晰性和穩定性，我們心悅誠服，既無法真正地去懷疑它，也不會覺得有必要去懷疑它。我們可以說，這裡知覺的清晰性和穩定性就是我們信服它的依據，但要注意的是，這個依據本身並不是一種信念，不是以命題形式進入我們頭腦，然後經過大腦的推論去支持我們有關外物存在的信念的。這個依據本身是一種自然的存在。因此我們可以說：我們由知覺中得到的有關外物存在的信念是無法證實的，也是無需證實的，因為他們並不是沒有根據的。

當然，上面所講的，主要是關於對外物之存在的信念。它與關於外物究竟為何物，有什麼性質、特徵等等的信念不一樣。我們對於後者的信念，就不如前者那麼堅定。前者比較簡單、直接，後者則比較複雜，而且不那麼直接。這種複雜性和間接性，可以在銳德關於「初始的」知覺和「積累的」知覺的區分中窺見一斑。

所謂「初始的知覺」，指的是與過去經驗無關的知覺，或者說是沒有經過我們把過去的經驗聯繫起來而作出判斷的知覺。而「積累的知覺」指的是包含基於過去的經驗而作出的判斷的知覺。例如我剛才聽到一種噪聲，在未與過去的經驗聯繫起來作出判斷時，它只是一個初始的知覺，但一旦我憑過去的經驗而得出：這是鄰居家用割草機割草的聲音，那就成了積累的知覺了。如果我以前從沒聽見過這樣的聲音，也沒見過割草機，甚至沒聽說過有割草機這種東西，我是不會產生那樣的信念的。平時我們絕大部分的知覺，都是積累的知覺。不僅「我看到一隻狗」與「我聽到一首俄國樂曲」，都是

包含了過去的經驗在內的知覺的表述，甚至「我看到一樣東西在另一樣東西的前面」這樣的知覺，也包含了過去的經驗。因為作為初始的視覺知覺本身，是無法得出距離概念的。只有結合過去從動作中，從視覺與觸覺的相應關係的體驗中得來的經驗，才能使人得出有關距離和厚度的概念。

前面說過，銳德認為感覺不會錯，知覺卻是可錯的。但銳德卻有一次提到初始的知覺也是不會錯的。在討論到一個人誤把平面的圓看作立體的球形時，他寫到「我們說這種時候人的眼睛受了欺騙，說表面現象是假的。但在這個初始知覺之中並沒有任何假的東西，只有在從習慣中導出的東西中才有假。」❺有些學者認為這裡銳德誤用了知覺一詞，因為知覺是可錯的；他實際上指的是感覺❻。這個解釋比較簡單，但既然銳德把知覺和感覺的區別看得如此重要，就很難說他自己會疏忽到混淆二者。而且，說這裡初始的知覺不會錯似乎也有道理。在上述例子中，如果知覺者真的是第一次知覺到這樣的東西，沒有任何以前的經驗進來參與他的判斷，那麼此人就不可能會有立體的球的概念，因為立體的概念必須由動作與視覺的結合才能產生。在我看來，銳德並沒由此而導出一個普遍的結論，認為初始知覺不可錯，他只是以這個例子說明有時候初始知覺並不錯，乃是我們誤用了過去積累的經驗才導致了謬誤。

---

❺　漢密爾頓《托馬斯・銳德論著集》，頁332。

❻　見賓布洛森及萊爾勒所編托馬斯・銳德的《研究與論集》一書的導論，頁xxiv。

三、兩種性質論

在近代哲學中，有關知覺問題的中心論題之一是所謂「第一性質」和「第二性質」的區分。銳德的知覺論在這方面也顯示出了自己的獨特性。

儘管近代有不少人提出過兩種性質的區分，如波義耳 Robert Boyle、笛卡爾、伽利略、牛頓等等，而且這一區分還可追溯到古希臘的德漠克利特 Democritus，但其經典的表述是洛克提出的。洛克提出，廣延（尺寸）、形狀、動靜和硬度等性質為第一性質，這些性質是事物自身所固有的，我們對這一類性質的觀念與這些性質本身相似。而顏色、氣味、聲音、冷熱、滋味等等屬於「第二性質」，我們對它們的感覺與它們本身不相似。例如聲音本身只是空氣的震顫；顏色本身是物體對不同光波的反射。它們不是事物本身所固有的。例如，我們不用改變事物本身就可以改變它的顏色——只要改變其周圍的光線即可。這兩種性質的區分，在洛克那兒主要是基於相對性這一理由：對第二性質的知覺受到我們感官結構與神經系統的制約與影響。以溫度為例，如果你把一手伸進冰水中，一手伸進燙水中，過一會兒再把兩手拿出來，同時插入一盆一般室溫的水中，一隻手會覺得水熱，一隻手會覺得水涼。因為同一盆水不可能又熱又冷，所以冷熱是相對於手的初始狀態的。

貝克萊對洛克的批評被許多人看作是對兩種性質說的致命一擊。貝克萊指出：第一性質也有這種相對性，我們對物體的形狀和尺寸等等的觀念也隨主體狀態改變而改變。一個塔近看大遠看小，近看圓遠看方。而且如果我們能感知到的只是觀念，又怎麼能把觀

念去與外物的性質本身對比，從而得出二者「相似」或「不相似」的結論? 要比較就必須能同時感知到二者，把二者都帶到感官面前，但按照觀念論感官能感知到的只能是觀念，因而顯然無法得出觀念與外物是否相似的結論。由此貝克萊完全拒斥了兩種性質論。

銳德似乎同意貝克萊對洛克的批評。他寫到：感覺不可能與事物的性質相似，感覺的本質就在於被感覺到，當它不被感覺到時，它根本不存在。因此，感覺不可能與無感覺的物體的性質相似。然而銳德卻不接受貝克萊的結論。銳德對洛克的批評是批評其區分兩種性質的方法或理由，而不是兩種性質的區分本身。在銳德看來，兩種性質之區分的真正基礎在於：我們的知覺能直接提供我們清晰的第一性質本身的概念，但知覺只能給我們相對的不清晰的有關第二性質的概念。

銳德對兩種性質的區分是從概念分析和現象觀察兩方面進行的。(1)概念分析：指出每個有反思能力的人都會發現自己具有清晰的廣延、形狀、硬度等等的概念。例如所謂一物的硬度指的無非是它排斥別物占有同一時空的能力。而對第二性質，我們沒有這樣的清晰概念。第二性質的本性並不包含在它們的概念本身之中。「聲音是媒介物的波動」純粹是非邏輯必然的命題。對第一性質，我們感官會直接提出清晰的概念，不通過任何推論，也不會有任何爭議。而第二性質的本性卻要通過各種推論、研究來得出。屬於科學（自然哲學）的對象，對其本性可以有爭論。(2)現象觀察：我們在感知第一性質時，幾乎很少注意到感覺本身的特點，而是立即將感覺當作物體的性質的標誌。例如在觸及一種堅硬的物體時，我們對於自己手上的感覺特徵並不在意，而是立即注意到物體的堅硬。但是在感知第二性質時，例如氣味，我們卻只注意到感覺自身，而不是立

即注意到引起這種感覺的物體的性質。

　　銳德對兩種性質的這種區分，比洛克深入了許多。它可以在接受貝克萊對洛克的兩點主要批評的基礎上仍對兩種性質作出區分。首先在銳德這裡，有關第一性質的觀念的相對性（如塔近大遠小等等）與他的區分毫不相干。其次，他也承認了感覺與引起感覺的事物的性質之間無法有相似性。因此，貝克萊對洛克的批評無法運用在銳德的理論之上。當然，貝克萊的擁護者可以指責銳德所作出的兩種性質的區分不是客觀的兩種性質的區分，而是我們主觀的區分，即「概念」上的區分和「感知」態度上的區分。這兩者不足以證明客觀世界中確有兩種不同的性質。但銳德可以說，連洛克也沒講過客觀世界中有兩種不同的性質，洛克講的第二性質實質上也仍是某些第一性質作用於感官會引起特殊的知覺效果。所以第二性質本來就是與主體相聯繫而言的。在不與主體發生關係的情形下，它們就其自身的本性而言，只是第一性質（如聲波只是形狀、運動等等性質）。貝克萊的擁護者也可能會說銳德雖然區分了兩種性質，但並沒有證明二者在其獨立於心靈之外的客觀性上有什麼區別。也就是說，並沒有證明第一性質是獨立於心靈之感知而自存的。而這一點正是貝克萊對洛克的批評的要點。銳德的區分，最多只是指出了有一種性質的觀念是與我們對它的觀念有邏輯的本質聯繫的，另一種性質的觀念則沒有這種聯繫。前者使我們容易誤以為有客觀自存的物體，後者卻更容易使我們看到事物的性質無非只是我們的觀念。對這種駁難，銳德的回答必然是基於他對觀念論的拒斥，以及他對感覺與知覺的區分之上的。銳德會重申：貝克萊的支持者的錯誤仍在於把觀念當成認識的對象而非方式。同時，他會解釋說，兩種性質的客觀性的區別，在於我們對第一性質的知覺與這種知覺的方式——感

覺——有一種內在的一致性。我們知覺到的物體的硬度與我們身體上受到物體的阻扼的感覺雖然不相似，但它們在概念上是有邏輯聯繫的。我們身體受到阻扼的感覺會立即示意物體之不可入性的存在。而在第二性質的知覺與其方式（感覺）之間，則沒有這種邏輯聯繫。聲音作為知覺的對象是空氣的顫動，但作為感覺，它完全是另一回事。對聲音的感覺並不立即示意我們聲音的物理性質。

　　這裡，我們可以看出銳德有關兩種性質的理論最後還是基於他關於知覺能提供有關外部事物的信息的信念。為了進一步深入地了解銳德的知覺論，我們還有必要看一下他對自然符號和人工符號的區分。

四、自然符號和人工符號

　　所謂「自然符號」，指的是不依賴於人為約定的，儘憑藉人的自然本性就能理解的符號。例如，微笑作為友好的符號，尖叫作為驚恐的符號等等。這種「語言」在動物中也存在。所謂「人工符號」，指的是其涵義依賴於人為約定的，由人創造出來以便交流複雜的思想、情感等信息的符號。按照洛克的理論，觀念是事物的反映，而語言是對觀念的符號表述。銳德的語言哲學取消了觀念這一層中介，認為人們的感覺本身就是符號，它們不需要另一套符號系統來表述它們。當然符號有自然與人工之分，但人工符號並不是超心靈活動的。它的運用也是一種心靈活動。無論是聽到的、看到的、還是想到的人工符號，當它在起符號作用的時候，都體現為心靈的感覺活動。

　　自然符號或標誌又可分為三種。第一種，符號和它所標誌的東

西之間的聯繫乃是由自然所建立的，是只能由經驗去發現的 **❼**。這一類的例子有：煙是火的標誌、皮膚上的紅塊是蕁麻疹的標誌，等等。這一類標誌實際上包括了我們平時所說的因果關係。——結果是原因的標誌，原因則是結果所意味著的或標誌的東西。第二類，符號和它所標誌的東西之間的聯繫不僅僅是由自然所建立的，而且也是通過我們自己身上的一種自然原則而為我們所發現的。它的發現不依賴於經驗或理論推論。例如一個嬰兒會被怒斥聲驚嚇，而被微笑和輕聲款語所安慰，音樂會使人愉快或悲傷。雖然欣賞能力會受到經驗和理性的影響，但如果大自然沒有把「最初的原則」播種在我們心中，我們就永遠也不會有欣賞能力。第三類標誌與第二類不同之處在於這類符號所標誌的東西不是能直接觀察到的，但是這類標誌卻引導我們猜測和相信它們的存在。例如我們的感覺就標誌著一個能感覺的心靈。這個心靈不能被直接感知到，但感覺卻使我們相信它的存在。銳德認為，第一類自然標誌是真正的哲學的基礎，第二類自然標誌是藝術的基礎，第三類則是常識的基礎 **❽**。

　　這三類自然符號，當它們被知覺到時，會向知覺者提示 (suggest) 它們所標誌的事物的存在。這裡「提示」一詞的地位很重要。銳德寫到，「我不知道還有什麼詞能更恰當地表述這一為哲學家們完全忽視了的心靈的功能。這種功能帶給我們許多既非印象也非觀念的簡單概念及許多信念的初始原則。」例如，「當我手握著一個球時，我立即知覺到硬度、形狀和廣延。這種感覺是非常簡單的，並且它不與任何物體有一丁點的相似。但它卻向我們提示那些第一性質的存在。這些第一性質不僅彼此之間完全不同，它們與提示它們存在

---

❼　杜根編《研究》，頁66。

❽　杜根編《研究》，頁68。

的那個標誌也完全不同。」 這裡，他完全否定了洛克的所謂知覺乃其對象的「複寫」的理論。在他看來，事物的性質「不是在心靈中由一個觀念或與之相似的感覺所代表的；相反，它是被一個與之完全不相似的觀念所提示的。」 ❾

這裡有一個相當關鍵的問題：既然銳德認為知覺直接給與我們所知覺到的對象的知識,他怎能又說知覺僅僅提示這些對象的存在?如果說「直接」指的是並無推論過程，那麼休謨似乎也能接受他的結論。實際上休謨也承認事實上我們平時並不從知覺中去推論外物的存在。休謨所指出的，只是理性無法僅憑知覺所提供的材料去確證外物的存在。銳德與休謨在這一點上有何不同？他是不是仍然給懷疑論留下了一個餘地？「直接知覺論」與「提示論」之間的這種不一致的現象，後來在二十世紀美國實在論的發展中表現為兩派實在論之間的分歧。但事實上，銳德已經為二者找到了一個調和點，而且二十世紀美國實在論最後也發展到了銳德所提出的那個調和點上，這似乎再次證明了銳德的洞見 ❿。銳德所提供的調和點，即是他對於觀念這一中介的否認。也就是說，在知覺與外界對象之間不存在觀念這一中介。如果像觀念論所認為的，知覺以觀念為對象，觀念又去示意或提示外界對象的存在，那麼這裡知覺顯然不是直接的。但如果沒有觀念這一中介，知覺本身就以外界事物為對象，那麼知覺本身就示意對象的存在,並直接提供對外界對象存在的信念。在這個意義上，我們也就可以說，知覺直接向我們提供有關對象的知識，只是這種提供的方式是提示的方式。

❾　萊特編《托馬斯・銳德著作集》，卷二，頁423, 445, 470。

❿　關於美國實在論的這一發展的具體過程，請參見第七章第四節「銳德哲學在美國的影響」。

　　至於「人工符號」，指的當然是以語詞概念為主體的人的語言系統了。人工符號中，有用以標誌或指稱特殊個體的專名。如「銳德」、「休謨」、「蘇格蘭」等等。但絕大部分人工符號是普遍名詞、普遍概念。它們是我們描述特殊個體傳達信息時常用的工具。例如當我們說「我剛才聽到的是割草機的聲音。」我就是在用「割草機」、「聲音」等普遍概念來描述一個特殊的個別的割草機的聲音。這些概念是普遍的，因為它們可以被用來描述所有割草機的聲音，而它們之所以能被正確地用在我剛才聽到的那個個別的特殊的聲音上，是因為這個個別的聲音乃是屬於「割草機聲音」這個普遍的「類」的一個特例。前面講到「積累的知覺」時，我們實際上已論及到了普遍概念問題。積累的知覺必須是用語詞來判斷的，而這就涉及到了哲學上一個重大問題，即普遍概念的性質和來源問題。所有存在的東西都是特殊的，但描述它們的語詞卻大部分是普遍的，這究竟是怎麼回事？普遍概念是怎麼來的？它們又怎麼能描述特殊的個體？

　　前面在介紹銳德對「觀念論」的批評時，我們已經提到過洛克有關「抽象觀念」的理論，即普遍概念乃抽象觀念的符號，而抽象觀念乃是從一類特殊觀念中抽象出來的相似之處。我們也提到過貝克萊與休謨對洛克抽象觀念論的批判，他們自己的觀點，以及這一觀點的局限性❶。那麼銳德自己對普遍觀念問題又是怎麼看的呢？

　　按照銳德的看法，洛克和他的反對者貝克萊及休謨均有錯誤。他們的共同錯誤就是設定了觀念論。他們也各有對的地方。洛克正確的地方在於他承認了人有抽象能力，貝克萊和休謨對的地方是他們指出了這種抽象出來的對象不能是他們所講的觀念。故銳德自己的理論大致說來便是一個去掉了觀念論的洛克的抽象觀念論。具體

---

❶　見觀念論章第二節。

來說，這個理論認為，雖然所有的存在物都是特殊的個體，但人類語言中絕大部分的詞是普遍名詞，語詞是人工符號，是用來代表事物的。而要用語詞去代表某種事物，使用語言者必須能對這種事物進行設想或有意向(intend)。由此推論，除非人們能對普遍性的事物形成概念或意向，語詞就不可能有普遍性的涵義。

值得注意的是，這裡銳德的推論方法不是從尋找心理學上如何解釋或證明我們能夠有普遍性概念出發，去推出語詞可以有普遍的涵義。他的方法是倒過來，從語詞在何種情況下才可能代表一類事物（不是個別事物）出發，去推出人必須具有抽象能力，或者說是能形成對普遍性的事物的意向。這種「在何種情況下……是可能的」的思想方法，與康德是一致的。

銳德明確地指出，這種對普遍事物的意向是一種特殊的個別的心靈活動。但意向的對象卻應當是普遍的，不是特殊的個體。這種普遍性的東西可能只在思想中存在，也可以存在於具體事物當中——不是作為它的可分的一部分，而是以被這特殊個體所例證的形式存在。例如，這張紙所例證的「白」是普遍的，它可以為許多白的東西所例證，如白的雪、白的狗、白的雲等等。但離開了這些個體，這個普遍性不能獨立自存。我們對普遍性的東西的意向或思維，就是把它在思想上與其所寄存的個體的別的性質分離開來，孤立起來。這個孤立它的過程，就是嚴格意義上的「抽象」(abstract)過程。雖然在現實中，它是無法與別的性質及它們所體現的個體分離存在的。廣義上來說，「抽象」的過程還包括在一系列個體中發現某個共同的普遍性質的過程。銳德認為是人們在這個抽象過程中把事物分成各種類別，於是我們據以把事物分類的那些普遍性質就被看成是這些事物的本質。但這種本質只是「名義本質」(nominal essence)，而

非事物的「真正本質」(real essence)。後者是超出我們理解範圍的。
我們對普遍概念的思維、意向，並不是把它們當成個別的特殊的個
體來思維的。銳德認為他所謂的對普遍性的思維，與柏拉圖式的理
念實際上很相似，唯一不同的是他否認了柏拉圖賦予它們的神祕的
獨立存在。這裡必須涉及到的一點是，他也否認了休謨有關凡可以
想像的都是可能存在的命題，以及這個命題的演繹命題：凡可以想
像的東西都是可以獨立存在的。銳德認為，理解一個命題就在於理
解它所表達的一種狀態。在數學中對必真命題的否定就可導致必假
命題。必假命題表達不可能有的狀態，但這種狀態卻是完全可以理
解的。可以理解就表示它可以以某種方式為人心所設想。所以當他
說普遍性的事物可以在思想中存在，並被從特殊的個體中分離孤立
出來，並不意味著它們在現實世界中也能像柏拉圖所說的理念那樣
獨立自存。而它們之不可能在現實世界中獨立自存，並不等於它們
不能在思想中被從特殊的個體中區分出來，與個別的性質孤立開來。
「這是一條線」與「這是一條三吋長的線」顯然涵義不同。這難道
不正是把「線」與線的特殊長度區分開來，孤立出來？確實，一條
沒有確定長度的線在現實世界中是無法存在的，但是說因為這個理
由，各種長度的線就沒有普遍性，或者說我們就無法對其普遍性形
成意向，就成了荒謬。

　　銳德這一並不十分複雜的有關抽象概念的理論，被德國哲學家
叔本華Arthur Schopenhauer (1788–1860)稱作為他「所能找得到的
有關概念之本性和本質的最佳、最合理的論述。」❷

---

❷　見叔本華《作為意志與表象的世界》英譯本，卷二，頁240。

第四章　常　識

　　銳德的哲學通常被稱作為「常識哲學」(Common Sense Philosophy)。這個名稱有其合理之處。銳德確實把常識放在他的哲學的核心地位，認為常識包含著真理，甚至把是否符合常識作為檢驗一個命題的標準。但是這個名稱也容易引起誤解，以為他的哲學只是訴諸常識，以求簡單地用常識來否棄種種高深的哲學難題，而且除了訴諸常識，便不再有其他內容了。一些自命高深的哲學家對銳德不屑一顧，以為他和古希臘那位想用走幾步路來否定掉芝諾悖論的第歐根尼以及那位以為踢一腳石頭就可否定掉貝克萊「物是感覺的複合」論的約翰遜博士屬於同一類。甚至康德也有此偏見，以為銳德哲學「僅僅求諸於芸芸眾生的意見」。包括康德在內的這些人混淆了常識哲學與常識哲學的區別。銳德的哲學是關於常識、崇奉常識的哲學，而不是將常識披上哲學的外衣，以期嘲弄哲學家或諂媚於眾生。在銳德看來，哲學家們用理性去和常識抗衡，結果自己卻不得不在日常生活中信奉常識，這不應只當作是一個無可奈何的現象，這個無可奈何本身值得哲學的思考。他認為理性不可能也沒有必要與常識為敵。哲學之所以會有今天這樣與常識背離的結果，乃是因為哲學接受了一些錯誤的前提，只要消除這些前提，常識和理性的和諧是可以建立起來的。

大致說來，銳德在以下三個意義上使用了「常識」一詞：(1)人心中判斷自明真理的能力，(2)那些自明真理本身，及(3)作為自明真理的客觀基礎。

一、常識作為人心中判斷自明真理的能力

所謂自明真理 (self-evident truth) 即不需理性推論或經驗驗證就可以明瞭並確信的真理。在作為人心中判斷自明真理的能力這個意義上，常識是與理性相區別的一種能力。理性對真理的確證是通過推論得到的，不論這種推論是歸納的推論還是演繹的推論。平時我們所說對真理的證明，通常是指運用理性，從某些前提出發，經過歸納和演繹而得出可靠的結論。但理性的推論必須有起點 —— 前提 —— 才能推出結論。當然，人們可以要求對前提本身作出證明，這就要求有進一步的前提去證明它。如果沒有任何別的確認真理的能力，僅僅靠理性，那麼我們勢必陷入無窮倒退的困境之中，永遠也得不到一個最終的前提以開始建立知識的體系。因此，必須有自明的，也就是不需要進一步前提論證就可以明瞭確信的真理作為論證的起點。這是銳德對於懷疑論的一個主要反駁。有的哲學家以為銳德對懷疑論的回答是基於上帝不會在這些常識問題上欺騙我們的信念，或者是基於人類在日常生活中無法懷疑那些常識這麼一個心理上的事實。誠然這二者均是銳德常常提及的，但這二點均是對懷疑論的外在的拒斥，不構成對其內在的否定。懷疑論者仍可懷疑上帝的存在，或上帝必不會欺騙我們這一事實。至於人們心理上無法懷疑某些東西，更不證明這些東西是對的。但在上面提到的這個反駁中，銳德指出了從笛卡爾以來的懷疑論中的一個基本矛盾 —— 它

要尋找的是無可懷疑的知識的基礎，卻又要求理性來作出能否懷疑的判斷。理性本身只能是推論方法，它無法判斷作為一切推論的基礎的自明真理，因為它並不比自明真理更為自明。承認有自明的真理，也就要承認人們有判斷自明真理的能力。如果這些真理能用理性去證明，也就不成其為自明的了。自明就意味著不需要，也不可能有進一步的證明。像數學或幾何學公理等等就是自明的真理。它們本身不能被證明，但它們卻是進一步證明其他命題的基礎。就這個意義上說，理性能力只有在常識的基礎上才能發揮積極作用，否則它只能導致無窮盡的永遠不可自拔的懷疑論。

　　不幸的是，哲學正是在崇尚理性的同時，把理性能力與常識放在對立面上去了。哲學成了理性的代名詞。「這種哲學的支持者，出於對這種哲學的自然偏好，把它的管轄權擴展到它的限域之外，並把常識的判決帶到它的審判臺前。但是，常識所判定的這些真理否認理性的司法權；它們既不需要理性的幫助，也不害怕它的攻擊。在常識與哲學的這場不平等的較量之中，後者將總是以恥辱和失敗告終。在理性結束與常識的這種關係之前，在它拋棄對常識的領地的侵占之前，在它與常識的平等的友誼重新建立之前，它不可能興盛。因為事實上常識既不控制哲學，也不需要它的幫助。而反過來，哲學（如果允許我換一個比喻）卻在除了常識的原理之外，沒有別的根基；它是從這些原理中生長出來的，並從中汲取養料的。若是切斷了這個根基，它的榮耀就會凋謝，它的活力就會枯萎，它便會死亡、腐爛。」❶

　　所以，不僅理性不應把常識帶到自己的面前來審判，相反的，理性應當在常識的法庭上得到判決。

─────────

❶　萊特編《托馬斯‧銳德著作集》，卷二，頁406。

常識作為判斷自明真理的能力，是人性中固有的。我們並不是有意識地決定自己是否接受那些真理。由於這種能力乃是人的本性，是造物主給與我們的，因此它不是一般意義上的某種可用可不用的能力，而是一種不可抗拒的客觀存在。由於它，我們必不可免地接受某些基本的信念，正像我們身體的生理結構決定我們適應某種自然環境一樣。這種判斷自明真理的能力從邏輯上來說也是可能發生錯誤的。銳德並不認為造物主真的會欺騙我們，但他並沒像笛卡爾那樣用「上帝不會騙我們」作為前提，來論證常識之可信。相反，他曾明確地批評笛卡爾的循環論證。笛卡爾先去證明上帝的存在，然後再去用上帝不會欺騙我們來論證我們基本信念的正確。「很奇怪，這位如此傑出的推論家竟然會沒有察覺到這個推論中這麼顯然的一個循環論證。因為如果我們的認識器官不可靠（要通過「上帝不會欺騙」來保證其不系統地出錯），那上述這個論證本身為什麼就不會錯?」❷

事實上，銳德認為上帝欺騙我們在邏輯上也是可能的。「如果我們受了它（常識）的欺騙，我們也就是受了造物主的騙。那也是無可奈何的。」❸在論述到有關外界事物存在的信念時，銳德寫道:「懷疑論者問我，為什麼你相信你知覺到的外在事物? 先生，這個信念並不是我的產物，它是在自然這個工廠裡生產出來的。它帶著自然的形象和標記。所以，如果它不正確，咎不在我。我甚至僅僅憑信

---

❷　見銳德《研究與論集》，頁276。銳德自己對上帝存在的證明是「設計論論證」， 在那個論證中，上帝的存在是從兩條「常識的第一原理」中推論出來的。即(1)結果中的設計的痕跡可使我們推知原因中的設計和智慧；(2)在自然界中，我們可以看到最清楚的智慧和設計的痕跡。

❸　萊特編《托馬斯・銳德著作集》，卷二，頁453。

任而接受它，對它不加懷疑。懷疑論者說，理性是真理的唯一判別者。你應當把一切不基於理性之上的意見和信念都拋棄。先生，為什麼我應當比相信知覺更多地相信理性？它們是同一個商店賣出來的，由同一個藝術家生產的。如果這個藝術家把一件次品放在我的手中，有什麼可阻止他再放另一件？」❹

這裡，銳德表達了二層意思。第一，我被自然所驅使，無法不相信外物的存在，這不是我的選擇。其次，即使我可以選擇，我也沒理由在知覺和理性二者之間選擇理性。理性不見得比知覺更可靠。因為理性和知覺都要由作為能力的常識來作最後判決。

由知覺所得到的信念，乃是知覺材料經過常識的判決而直接肯定下來的。這裡沒有理性的推論。當然，由知覺中可以推論出好多東西，但這種由理性推論而得出的結論應當與直接的知覺相區別。直接的知覺與從中推論出來的結論之間的關係，就像數學公理與從中推出的命題的關係一樣。我無法由推論而得出「如果二個數均與第三個數相等，那麼這二個數互相之間也相等」這樣的公理，同樣道理，我也無法推論得出，我感知到的樹木花草存在。我對前一個命題的確信是由我的本性所決定的，同樣，我對後一個命題的確信也是由我的本性所決定的。只是，數學的第一原理是數學公理和定義，存在命題的第一原理是知覺。這些第一原理均是由自然給予我們的，它們具有同樣的權威性。理性只能服從這個權威。如果理性不甘心作常識（能力）的侍從，那麼就只能當它的奴隸❺。

熟悉現代英國哲學的人知道，穆爾 G. E. Moore (1873–1958)後來反懷疑論的著名論證與銳德上述論證極為相似。穆爾在他的〈四

---

❹　萊特編《托馬斯・銳德著作集》，卷二，頁543。

❺　萊特編《托馬斯・銳德著作集》，卷二，頁450。

種形式的懷疑論〉一文中說,「如果我沒有弄錯的話,羅素關於我無法確知『這是一枝筆』或『你有意識』之類的事實的觀點,至少基於這樣四個不同的假設: (1)我並不直接地得到這類知識(因而這類信念只能由推論而得到); (2)這類知識也無法從我所直接知道的東西中邏輯地演繹出來; (3)如果(1)和(2)是正確的話,我的這類信念或知識就只能基於類比或歸納推論; (4)歸納推論得出的結果總是不可完全確信的。我不得不問:難道這四個假設的確真性高於『這是一枝筆』或『你有意識』? 我也不得不認為,在我看來,別說這四個假設作為一個總體了,即便是其中任何一個假設,我對它的真理性的確知也比不上我對『這是一枝筆』『你有意識』的確知。」❻ 也就是說,懷疑論者所用的理由還不如他們所懷疑的對象來得令人信服。與這些理由(假設)相比,我們對自己的常識更有信心。

從這些原則出發,銳德對許多近代哲學的著名難題提出了獨到的見解。

例如,近代哲學的懷疑論所引出的困窘之一便是缺乏對自身之外尚有別的心靈存在的有力證明。怎知我自己之外的「別人」不是一些精巧的機器或血肉做成的木偶? 何以證明這些別人也有心靈,也能感知? 我們能看到他們的身體、行為,聽到他們的言談,但無法直接感知到他們的知覺和情感。為此,笛卡爾以後的近代哲學家們傷了不少腦筋。笛卡爾本人想出的解決方法,是通過「別人」能夠恰當地運用語言這一事實,來間接地證明別人也有心靈。這個證明顯然擋不住懷疑論的入侵。用不著多少想像力,我們就可以想像一架精密的沒有心靈的機器,恰當地模仿人的語言。這在計算機技術高度發達的今天,更是不難想像。有些哲學家,如穆勒 J.S.Mill

---

❻　穆爾《哲學論文集》,頁226。

(1806–1873)，則認為我們是通過類比推論得出別人有心靈這一結論的。好比我自己被刀割一下，然後會有痛的感覺，接著就會有皺眉頭或呻吟等身體上的表現。於是當我們看到別人被刀割一下，然後有皺眉頭或呻吟等等表現時，我們就推論──在這兩個現象的中間也應當有「感覺到痛」這個環節❼。但穆勒等人也清楚地意識到這種證明只能導致「或然的真理」，而得不出必然性。也就是說，基於我們所得到的證據，認為別人也有心靈是一種最好的假設。

對於這個問題，銳德的回答非常乾脆。「沒人會想到去問自己我憑什麼理由相信自己的鄰居是個活人，如果有別人問他這樣荒謬的問題，他也準會大吃一驚。也許他根本拿不出什麼理由可以證明其鄰居是活人，而不同時證明一個手錶或木偶是活人。雖然你不應當讓他為自己弱不禁風的理由感到滿意，你卻全然無法使他對自己的信念產生一絲一毫的動搖。這個信念是建築在那弱不禁風的理由之外的別的基礎之上的。因此，不論這個人能不能拿出理由來證明它，他都無法使它動搖。」❽這裡所謂的「別的基礎」，就是作為判斷自明真理的能力的常識。

美國當代哲學家艾爾文·普蘭亭格 Alvin Plantinga 在引用了銳德上述論述之後寫道：「顯然銳德是正確的。沒人會用推論去建立有關別人心靈存在的信念。當我看了保爾一眼，心想『唉呀! 不好，他又發怒了。』 我並沒有去作任何推論，我甚至根本不知道自己發怒時的尊容如何。」❾

當然，銳德並沒有把任何不經理性推論就接受的信念都看作自

---

❼　參見穆勒《威廉·漢密爾頓哲學之研討》，頁243。

❽　銳德《研究與論集》，頁278–279。

❾　見普蘭亭格《保證與恰當的功能》，頁66–67。

明公理。他也沒把驅使我們不經推論就去接受一些命題的本性都看成作為能力的常識。例如，他明確地看到，我們大部分的信念都是通過我們「自然的輕信」(credulity) 而接納下來的。我們出生以後，在我們懂得什麼叫說謊、欺騙之前，我們早已接受了許許多多父母和老師教給我們的東西。當然，他們教我們的並不一定都是正確的，但如果我們從一開始就「絕不輕信」，那麼我們恐怕只能長成低能者、癡呆兒。所以銳德說這種輕信的本能也是上帝所賜與我們的寶貴的禮物❿。確實，我們絕大部分的知識都是從別人（父母、師長、朋友……）那裡學來的。且不說我們對歷史的知識和對世界地理等等的知識無法全從自己親歷中得到，連誰是我們自己的父母，也只能由別人（往往是父母本人）來告訴！而且正如銳德所指出的，這絕大部分的信念都不是通過推論或通過得到某些證據才為我們接受的。而且正是由於我們沒有去費心思一一推論或尋找證據，我們才能正常地生活。生活經驗告訴我們對廣告不能輕信，對律師和舊車販子不能輕信，對政客不能輕信，對來自單方面的有關夫妻吵架的故事不能輕信。但是對於生活經驗沒有特別警告我們的絕大部分人與事，我們仍不得不輕信。要是對誰都不輕信，我們甚至沒法跟人說話——因為我們說話時，就指望別人能聽懂。也就是說，相信別人在用這些詞時，與我的用法和涵義一樣。要是在問「你吃過飯了嗎？」之前，我先得去找理由或證據證明此人平時用這些詞的涵義與我一樣，並且此人一般不說謊，豈不是免開尊口為妙？

熟悉現代語言哲學的人也許會看出我是用現代語言哲學的有關理論在解釋銳德。確是這樣，但我這樣做是有根據的。雖然銳德本人沒有明確提到過「語言的運用必須基於其使用者不系統地說謊」

❿ 銳德《研究與論集》，頁281–282。

這一前提，但他至少已有了與此接近的認識。他講到過，所有的人都有一種說真話和使用語言符號以表達真實情感的自然傾向。即便是大騙子，也必須說一百句真話才帶一句謊話。講真話不需要培訓，不需要自然衝動之外的特殊動機⓫。

作為認識真理的能力的常識和作為自然本性的「輕信的原則」之間，有沒有一個明確的界線？當然有。這個界線就在於常識所交給我們的信念是我們的本性所無法拒絕、無法懷疑的。而輕信所得來的信念，卻是可以為我們所懷疑、所拒絕的。常識的信念是無法用推論或證據去證明或偽證的。而輕信所得來的信念，卻是可以用推論或證據去證明或偽證的。

二、常識作為自明真理本身

正如我們平時說某個命題乃是一個基本常識，銳德有時也在這個意義上使用「常識」一詞。這裡，常識指的是被作為能力的常識所確定為真的基本原理，或者如銳德所經常講的「第一原則」。這些原理既包括數學和幾何公理，也包括對外界物質世界的持續存在的信念，對自己的心靈存在的信念等等非邏輯必真的基本存在命題或事實命題；還包括基本的道德規範和倫理學原則。銳德曾經列舉過一些常識的真理，但他從來沒有宣稱自己已經發現了所有的自明真理。以下是他提到過的一部分：

——我思想，我記憶，我推論。總的來說，我確實進行我自己所意識到的那些心靈活動。

——有些東西不能獨立自存，而必須作為性質或屬性存在於別

⓫　銳德《研究與論集》，頁95。

的事物之中（例如輕重必從屬於物體，快慢必從屬於運動）。

——我們感官所知覺到的性質必然有一個我們稱之為物的主體；我們意識到的思想也必然有一個我們稱之為心的主體。

——任何有始的存在，必有一個產生它的原因。

——在一個結果的特徵或標誌中，當可確定無疑地推論出原因裡的智能和設計。

——一個慷慨無私的舉動，比一個僅僅是正當的舉動更值得讚譽。

——一個毫無能力制止某個行為的人，不應當為這個行為負道義上的責任。

作為「能力」的常識是通過其現象或功能而被我們認識的，而其現象或功能便在於判斷何為自明真理。所以最終，這種功能還是要通過「自明真理」與非自明真理的區別來體現。在上面講到常識能力與輕信原則的區別時，我們已經提及了自明真理的幾個特徵，這裡再進一步作比較詳細的解釋。

銳德意識到，如果沒有一定的標準，那麼誰都可以在找不到理由為自己辯護時，抬出「常識」作為遁詞，而指責別人違反常識。具備什麼樣的條件才能算是常識呢？

第一，作為自明真理的常識必須是「第一原則」。即他們是其他命題的基礎。沒有他們，別的命題就無法成立。但他們自己卻不可被其他命題所證明。他們在整個知識體系中的地位，就像基礎對於大樓樓體的關係。沒有他們，整個知識體系就會倒塌，但他們自己卻不需要別的建築為基礎支撐❷。

這看上去十分像傳統的基礎主義。所謂基礎主義，指的是認識

❷ 見《智力論集》VI, 4 。

論上認為所有的知識應當建立在某個最根本的基礎之上的理論。傳統的基礎主義認為這個基礎或者是邏輯上必真的自明真理(諸如「已發生的事無法使之不曾發生」,「圓不能同時是方」之類), 或者是我們最最直接的感覺經驗,諸如「我現在感知到一種紅紅的視覺形象」之類。這種基礎顯然是極為狹隘的。前者無法使我們得到邏輯真理之外的任何有關事實的真理;如休謨所指出的,我們甚至無法認為「凡事必有因」是一個自明真理,因為其相反並不是不可想像的。在這類「自明真理」的基礎之上,我們可以得到諸如「凡三角形都必有三個角」之類的知識。但這類知識甚至不能告訴我們這個世界上是不是存在任何具體的個別的三角形! 至於後一類的基礎,即最最直接的感覺素材,在觀念論的限制下,也不能成為有關外在世界的知識的基礎。銳德所說的作為自明真理的常識,範圍顯然遠遠廣於上述二者。許多在傳統基礎主義者看來必須由更為基本的命題所支撐的信念 (雖然我們找不到這樣的支撐), 被銳德納入了作為自明真理的常識範圍之中。他之所以能如此做,在於他認為一個命題或信念的依據可以不是另外一個命題或信念。如前面所提到過的,這個依據可以是這個命題或信念所形成的方式! 例如,如果它是隨著清晰穩定的知覺而來的,那麼這個清晰性和穩定性便是其依據。銳德與傳統的基礎主義者的這個區別,使之避免了後者所導致的「基礎不足以支撐知識大廈」的毛病,同時也避免了後者所蘊含的一個致命的自相矛盾 ── 即傳統基礎主義本身並不是自明真理,也不是直接的感覺經驗。

「不可被進一步證明」是常識的一個必要條件,但不是充分條件。我們不能說任何不可被理性證明的都是常識。上帝的存在也許是不可被理性所證明的,但這顯然不是常識。作為常識,除了不可

被理性所證明之外，還應當是普遍為人接受的和不可抗拒的。

第二，作為自明真理的常識必須是普遍或幾乎普遍為人們所接受的。所謂常識，在這裡也指常人都具備的知識。如果一個信念被人們普遍接受，那麼這個信念就很可能是一個常識。這裡特別要注意的是，銳德絕不是在嚴肅的哲學問題上去求助於芸芸眾生的投票表決。他並不是要用相信人數的多少來定義常識。無論何時、何地，多數人的同意都只是一個命題自明性的表現。也就是說，是真理的自明性決定了眾人的同意，而非眾人的同意，決定了一個命題是不是真理。一個真理越是自明，就越能得到廣泛而持久的普遍同意。

這裡，人們不必苛求完全的普遍性。連最簡單的數學公理都不是人人都接受的。精神不正常的人就可能否認 1+1=2。所以，這裡常識中的「常」字還可理解為「正常」的意思，即具有正常認識能力的人的基本信念。我們不必擔心某些基本公理在瘋人院裡會失去它們作為常識的地位，因為在那裡，是那些人不正常，而不是常識會變成非常。

第三，常識還必須是不可抗拒的。任何與它們相悖的命題不僅僅會被看成是錯的，而且還會被看成是荒謬的，錯的並不一定是荒謬的。作為自明真理的常識有一種迫使人們接受它們的說服力。連那些用理性去懷疑常識原理的哲學家們，一離開他們的書房，也一個個都成了常識的信奉者，並依據常識而生活。據說古希臘的懷疑論者皮浪 Pyrrhon of Elis（約西元前360–前272年）是個例外。但果真如此，他竟然能活到八十八歲，可謂奇蹟。要是他懷疑火能灼人，刀能傷人，他當不怕刀山火海。如果他真的懷疑山石樹木的存在，他當不怕逕自朝它們撞去。這在現代化的瘋人院病房裡，也許不成問題，但在二千多年前的希臘，居然沒使他折壽，令人難以置信。

　　當然，所謂「不可抗拒」，也是不能絕對而言的。對於精神不正常的人，它們就可能不再是不可抗拒的了。另外「不可抗拒性」也只是自明性的表現，而不是其正確性的證明。前面已經說過，可以證明的就不是自明真理了。可以說，自明真理對於我們所顯現出來的不可抗拒性，是我們接受它們為真的依據。但正如銳德在一份他在世時沒發表過的手稿中所說，「真理本身……並不依賴於我的構造，因為在我存在之前它就是真理了。但我對真理的感知，顯然依賴於我的構造。」❸

三、常識作為自明真理的客觀基礎

　　由於我們對存在命題的第一原理的認識來源於知覺，來源於自然的給予，所以，自然本身的構造，其基本規律，便是這些自明公理的內容，和作為對這些公理的認識的客觀基礎。這裡，客觀指的是「自然（或上帝）所給與的」，「不以我們的意志為轉移的」，而不是指與心靈所對應的「物質的」。　在銳德看來，我們的心靈也是上帝的給與，它的基本運行法則，它的構造，和物理世界的構造一樣，也是客觀的。眼睛能看，手卻不能看，這是我們的自然構造決定的。我們對這種自然構造的認識形式（如表達為命題）是主觀的，但其內容是客觀的。因此，常識作為自明真理本身不只是指命題，甚至主要不是指命題，而是指其客觀內容。

　　銳德常稱這種客觀內容為「規律」或「原則」。在銳德看來，正如物質世界按照一些基本的規律存在與運動，心靈的存在與操作也有基本規律。牛頓觀察到蘋果落地，從中得出了引力定律。我們對

---

❸　麥考胥《蘇格蘭哲學》附錄，頁475。

自己的心靈運作也可作同樣的研究，把具體的經驗內容層層剝除之後，得出最核心的基本的規律，也就是我們心靈的自然構造和操作原則。作為認識，我們也許需要許多步驟才能揭示這些基本定律，但作為客觀的規律，它們卻是最本原的，直接的，即「第一原理」。它們不是依賴於其他原則之上，不是從別的原則中推演出來的。所以，人們既可從經驗內容中經過仔細研究思考而發現它們，也可以直接地領悟到它們。前者是常識哲學的任務，它以揭示和論證這些常識內容為目標，它可以清除哲學家背離哲學常識所引起的謬誤，導致人們對常識內容的清醒的哲學的認識。後者則是自然賦與每個理智健全的人的禮物，儘管一般的人並不總是對這些禮物的本性有清醒的理解。正如一個小孩也可以預言成熟的蘋果會落地，但牛頓的理解與貢獻就是自然哲學的成果。一個小孩也具備許多常識，但自然哲學仍是對人類理解的貢獻。

銳德的「常識哲學」，在這個意義上就是「關於自明公理的自然基礎的哲學」。它不是重複芸芸眾生包括小孩子都接受的常識，而是用哲學的方法去揭示那並非常識的結論——我們自身的構造決定了我們最基本的信念。

四、銳德的常識論與休謨

把銳德關於常識的論述與休謨哲學作一比較，可以發現雖然銳德哲學看上去是與休謨哲學針鋒相對，實際上二人卻有著貌離神合之處。問題出在人們往往片面地理解休謨，認為休謨哲學只有其懷疑論的一面，否定的一面，而沒有肯定的一面。確實，休謨指出了我們無法證明因果關係的存在，無法證明心靈的存在，無法證明除

觀念之外的任何實在事物，但是，他指出的只是理性的局限，即理性在證明這些命題時的無能為力。而這是銳德所完全同意的。另一方面，休謨通過對人類心靈中各種觀念前後出現的順序，它們之間的關聯性、規律性的觀察與綜合，得出我們人心中有幾種自然的「聯繫原則」，　如因果聯繫的原則──當相似的事件恆常地為另一類事件所伴隨時（如火之與煙），　我們的心靈就會自然地、習慣性地把兩類事件聯繫起來，並將在先的一類事件看成在後一類事件的原因；相似性的原則──人心會自然地把相似的觀念（或事物）聯繫起來。例如看到照片，自然地聯想到與照片上的人相似的人，等等。這些「原則」是人心所固有的，是我們的自然本性。它們決定了我們必不可免地會相信因果關係的存在、心靈的存在，以及外物之不依賴我們知覺的實存性。休謨這一方面的思想往往被人忽視，包括銳德也片面地理解了休謨，認為他對理性的局限性的分析便是其哲學的全部。實際上，休謨所說的乃是：如果我們僅僅以理性來作標準衡量我們的信念的話，那麼諸如因果聯繫、心靈實體的存在之類的信念，都應當被作為偏見而拋棄。但休謨顯然非常清楚地意識到，作為人，我們的本性決定了我們無法拋棄這些信念。他可以坐在他的書房裡懷疑這一切，甚至懷疑自己的存在，但只要輕輕的一記敲門聲，便足以把他驚醒，迫使他回到現實中來，重又被自己的本性驅使，而不得不去相信這一切了。銳德與休謨的這種區別，可以用得上一位十九世紀的銳德的後繼者托馬斯·布朗 Thomas Brown (1778–1820) 所說的一句話。這句話雖然是在講到他們對於外部世界的存在的觀點時說的,但也同樣適用於他們對心靈的存在的觀點。布朗說道,休謨與銳德的區別與其說是在觀點上不如說是在語詞上:

「是的,」銳德大聲宣佈,「我們不得不相信一個外部世界。」
但又悄悄地加上一句,「我們無法為這些信念提供論據。」休
謨則大聲叫道「我們無法為這樣一個信念提供論據」,然後又
悄聲說道「我承認我們無法擺脫這個信念。」❶

當然,如果把布朗的這段話當作是對休謨和銳德二人的總的對
比,是過於簡單化了。因為二人的不同顯然不只是口氣與強調重點
的不同。銳德明確地拒斥了休謨懷疑論的基礎——觀念論;銳德從
哲學上論證了常識的不可或缺性,而休謨則更多地是對常識作了心
理學的解釋(即「心靈的自然聯繫原則」);銳德的常識是直覺的信
念,而休謨的則是習慣的聯想。

這些區別在後面論及因果關係、人的同一性、自由意志等問題
時,會更加清楚。不過這裡先提示一下,相信會有助於讀者理清線
索。

五、銳德的常識論與康德

如果把銳德的常識哲學與康德的先驗哲學作一大致的比較,可
以看出二者之間也有著驚人的相似之處。

首先,二人均在某種意義上是知識論上的基礎主義者,即認為
人類所有的知識都建立在一些最基本的概念或命題之上,而這些支
撐其他命題或知識的基礎概念或命題本身,卻無法進一步被經驗或
理性所證明。銳德曾明確地指出,「所有知識都必須建立在第一原則
之上,正如所有的房子都必須有一個基礎一樣不容置疑。」❶ 銳德提

---

❶　見麥肯托胥《論倫理哲學之發展》,頁346。

供了一系列這類的原則。在康德那裡，這個基礎是直覺的時空形式和理解力的先天範疇，它們構成人類經驗及思維的形式框架。只是二人均認為，這並不意味著一切知識均可從這個基礎中邏輯地推演出來。除了這個基礎之外，我們還必須有感性經驗。

其次，康德的時空形式和先天範疇與銳德的常識的第一原則均是先天的給與的，是人所不得不接受的。無論是哲學家還是芸芸眾生，均是如此。儘管康德譏諷銳德哲學為訴諸於芸芸眾生的意見，康德自己也只是在揭示芸芸眾生的心靈的構造，他的觀點也是傾向於芸芸眾生，而不是萊布尼茲的獨斷論或休謨的懷疑論。

第三，康德與銳德哲學中這部分先天的基礎的東西，都有非邏輯必真的內容，也就是說，其否定不會導致邏輯上的自相矛盾。從邏輯上來說，它們也有可能是錯的。康德與銳德所共同包括在這一類先天而非邏輯必真的基礎中的內容，包括同一性的原則、因果原則、外界事物存在的原則，等等。

第四，康德與銳德都認為，以往哲學家們的關鍵錯誤之一在於他們不懂得理性的能力範圍。他們二人均把上述先天而非邏輯必真的「原則」看作人類知識的界限。用前面已引述過的銳德的一句話來說，這些原則雖然不是必真的，但由於它們乃是最基本的先天的原則，「如果我們受了它的欺騙，我們也就是受了造物主的欺騙，那也是無可奈何的。」 用康德的話來說，由於我們的知識只能是通過這些先天因素而得到的，因而，我們無法認識「物自體」， 即不呈現於我們感覺和理性之中的獨立的物體自身。

第五，儘管如此，康德和銳德二人均認為基於這些先天因素上的知識是客觀的。銳德認為其客觀性在於這些第一原則乃是決定於

⑮　見《智力論集》VI, 4。

我們的自然構造的，而不是主觀臆想。康德認為其客觀性在於它們
是任何可能的客觀知識的必然條件。儘管這裡二人有不同，但他們
都沒有在「附合獨立於認識主體的物體自身」的意義上使用「客觀」
一詞。

第六，康德和銳德二人均認為，儘管這些原則或範疇或形式是
先天的。但我們對它們的認識必須通過後來的經驗。它們是需要經
驗的提示才顯現出來的❶。

當然，銳德與康德還是有許多不同之處。例如，銳德的常識的
第一原則中仍可能包含經驗的內容，而康德的先天形式與範疇則是
「純粹」的，至少康德是十分刻意地追求這種純粹性的。在銳德以
牛頓蘋果落地為例的比較中，我們也看到他認為發現常識第一原則
的方法在於逐步剝除其經驗內容，但他沒提出最後剩下的當是純粹
先天的原則。他提出的只是最後剩下的當是「第一」原則，即不可
再進行分析或考究的。這個區別正是康德所強調的。康德認為銳德
誤解了休謨，也正是在於指出休謨並沒要去否認因果概念的不可或
缺性。問題在於要去尋找因果概念的來源，而這個來源在康德看來
是先天的。銳德在這一點上確實不如康德那麼明確。但也僅止於此，
對此我們不可誇大。後面在講到因果關係時我們可以看到，銳德的
觀點與康德並無本質上的區別，他認為因果關係和關於廣延、形狀、
運動、空間等等的概念都不是從知覺中抽象出來的。它們都是人心
中已有的結構。

康德和銳德之間另一個不同之處是，康德試圖提供一個完整的
先天綜合系統。他進行了系統的超驗推論，試圖找出所有使我們經
驗和科學知識成為可能的先驗的主體結構中的成分。而銳德則沒有

❶ 見銳德《研究》，頁80。

作這方面的努力，也沒有自稱給出了一個完整的常識的第一原則的系統。

還有，康德作了現象和物自體的區分，指出他所說的知識均只是對現象世界（即物體呈現於我們的經驗和理解範圍內的內容）的知識。至於物體自身，及關於絕對的、無條件的存在，我們無法有知識，而只能有信仰。這部分的內容是銳德哲學中所沒有的。不僅沒有，而且可以說銳德對觀念論的拒斥，就是對現象和物自體的區分的拒斥。銳德會說，我們感知到的不是與「物自體」相區別的「現象」。我們感知到的就是事物本身。將物自體與事物的現象分割開來，實際是一種半推半就的觀念論。它既想把現象說成客觀的，說成是與知覺不同的東西，是物自體的表現，但卻又認為現象只是相對於感官，作為感官的對象來說才成其為現象的。於是人們認識的對象仍然不是物體本身，人和物自體之間就仍然隔了一道「現象」的屏障。雖然我們無法說通過現象我們可以一覽無餘地認識事物本身，但是我們也沒有理由因此而認為我們無法認識物自體，沒有理由認為現象不表現物自體。

以上的分析比較，並不是想對銳德和康德哲學的異同作出全面的論述。而只是想通過這些例證，指出二者在知識論方面的一些主要的同異，由此糾正一下康德所造成的對銳德的一些誤解。經過這些分析比較，回頭看看當年康德對銳德及其支持者們的批評，我們將可得出比較客觀一些的評價，而不至於被康德這一名字本身所麻痺，以為他的話必然是經過認真研究、深思熟慮的。康德的批評見於其《未來形而上學導論》一書的導言之中。在那裡，康德論述了休謨哲學對他的影響，並指出他對休謨哲學真正涵義的理解──即我們經驗知識中的一些概念，如因果關係之類，是否能是先天的，

是否具有獨立於經驗的內在真理性。換言之，休謨不是要去懷疑這
些概念，否定這些概念。對休謨來說，這些概念之不可或缺性是不
容置疑、不必論證的。他的目的是要尋找它們的基礎或根源。基於
這一理解，康德認為銳德完全弄錯了問題之所在，認為銳德把休謨
僅僅看成懷疑論，大張旗鼓地去論證那些休謨並未加以懷疑的東西，
而且「妄自尊大，不去做任何考察研究，發明了一個更為省事的方
法，即向良知（常識）求救。……認真看起來，向良知求救就是請
求群盲來判斷，群盲的捧場是哲學家為之臉紅，而走江湖的假藥騙
子卻感到光榮而自以為了不起的事情。」**⓱**簡而言之，康德的批評，
主要是兩點。第一，銳德誤解了休謨，因而完全在無的放矢，或者
說是犯了邏輯上所謂「稻草人」的錯誤，即自己樹了一個稻草人來
作為攻擊對象。其次，銳德求助於常識，因而是非哲學的。關於第
一點，銳德完全可以說，休謨的懷疑論與他尋求因果關係等等的根
源是互相聯繫的。正是因為在理性中找不到根源，才導致了其哲學
中的懷疑論。何況，休謨的懷疑論是其哲學的主要影響。儘管康德
可以說人們都誤解了休謨，但這種實際的懷疑論的影響卻是無可否
認，並必須對之作出反應的。獨斷論與懷疑論是二個極端，休謨哲
學之能把康德從獨斷論中喚醒，正說明它可以把人導向另一個方向。
事實上，在休謨的體系中，其懷疑論的部分與其有關的人心的自然
聯繫原則，有關心理本性決定我們無法在實際生活中懷疑客觀世界、
因果聯繫以及自我存在這一部分，並沒有很好地協調一致起來。休
謨自己在《人性論》的附錄中表現出他對這種不一致也有所覺察，
並喟然浩嘆，自己無能為力，既無法拒斥理性所導致的懷疑論的結
論，又不捨得拋棄自己所鍾愛的，認作為自己真正的發明的人心自

⓱ 康德《未來形而上學導論》，頁7–9。

然聯繫原則。然而二者又無法調和——因為按照他的懷疑論，他甚至無法判定我們人心中有那些能決定心靈活動的原則的存在⑱。而銳德則看到了他的懷疑論的根源（即觀念論），從而為解決休謨的困境找到了一個途徑。

關於康德的第二個批評，即銳德求救於常識，或「群盲的意見」，更是不公正。銳德是在論證常識的哲學地位，而沒有簡單地把常識搬出來，以「不符合常識」為由，去拒斥哲學家們的理論。哲學家也沒有必要因為維護了常識，受到了具有常識的「群盲」的支持而臉紅。

認真讀一下銳德的著作，就可以看到，應當受到「妄自尊大，不去做任何考察研究」而對別人的理論作出譴責的，是康德自己。從歷史事實上看來，康德作出他的批評時，銳德只發表了他的《研究》一書。此書的德文譯本是1782年出版的，也即是康德在《未來形而上學導論》中對銳德作出抨擊之前一年。但是從康德的論述中卻看不出他曾經讀過銳德的原著，康德也沒有仔細區分銳德和他的追隨者們如奧斯瓦德、貝蒂等人的思想。從這些事實看來，似乎更有理由相信康德只是從銳德的論敵普利斯特雷那裡獲得有關銳德的二手知識的。

---

⑱　見休謨《人性論》，頁666–674。

第五章　因果、人的同一性及自由行為

　　通過否定觀念論，對感覺與知覺作出區別，並論證了常識作為判斷自明公理或第一原則的能力，作為一組自明公理本身和它們的客觀基礎，銳德大致完成了他的哲學體系的基礎工作。在這個基礎上，他著手解決哲學上爭論不休的難題。其中尤為值得注意的，是他關於因果聯繫、人的同一性、自由意志和倫理學的論述。本章將討論前面三個問題，而把倫理學留到下一章討論。

一、因果關係

　　由於對因果關係的論述是休謨哲學的主要組成部分，也由於因果關係確是科學和人類生活中的一個核心概念，銳德對因果關係十分重視。

　　休謨從他的觀念論和經驗主義出發，認為我們平常所用的因果概念缺乏經驗基礎。如果我們仔細分析任何被看成有因果關係的事件，我們所能看到的無非只是同樣的「結果」總是跟隨著同樣的「原因」。我們並不能感知到它們之間的因果聯繫。作為原因的事件和作為結果的事件之間也不存在邏輯上的關係——我們總可以想像其中之一發生而另一個並不發生，而不導致自相矛盾。例如：我們認為

日曬引起石熱，但如仔細考察我們的經驗，我們只看到一個現象跟隨著另一現象發生，我們並不感知到「引起」或「導致」這樣一種因果聯繫。我們完全可以想像日曬之後石不熱，——而可以想像也就是邏輯上說有可能發生。這裡日曬和石熱之間沒有必然聯繫。我們之所以認為二者之間有因果關係乃是因為我們總是看到這兩個現象一個跟著另一個發生，於是久而久之產生了一種心理習慣，一旦看到日曬，就自然地想到石熱，並以為二者之間有某種事實上的產生與被產生的聯繫。但這種聯繫實乃我們心理習慣的「外射」，是我們加諸於客觀世界的，並不是我們在客觀世界本身中發現的。

銳德肯定了休謨的功績，認為，正如休謨所指出的，僅僅從觀察一系列先後發生的事件，儘管這種系列重複出現，我們也無法從中得到原因的概念。但是銳德否定了休謨的結論，即因果無非是事件的恆常會合。銳德也同意休謨關於因果聯繫不是邏輯必然聯繫的看法，但他也否認休謨由此得出的一個事件可以沒有原因的結論。

銳德同意休謨的看法，認為從觀察自然現象中，我們無法直接發現它們的因果聯繫。他舉了這樣一個例子：如果把一塊磁鐵擺在指南針邊上，指南針的指針便會立即移向磁鐵的方向，對這種現象，一個未受哲學訓練的水手會毫不猶豫地解釋為：磁鐵是指針移動的原因。他的證明很簡單，如果把磁鐵移走，指針會回到原來位置，把磁鐵再靠近指南針，同樣的結果又重複發生。但是一個笛卡爾的追隨者會說，這個磁石並沒有接觸指針，所以它不是指針移動的原因。指針的移動是由從磁鐵中放射出的磁流，或一種精細的物質引起的。他甚至會畫出一張圖示，告訴你磁流的流動路線。而一個牛頓式的哲學家則會說，我們無法證明有磁流的存在，因而所謂磁流只是一種假設或虛構，而假設是不應當在自然哲學中占據任何位置

的。他會承認自己對指針移動的真正原因的無知，並且認為他作為一個哲學家的使命，只能是從實驗中去發現這種現象的規律性，並用精確的數字語言去描述它。

對這三種回答，銳德認為最後一種是最正確的。他認為自然哲學最偉大的發現是引力定律。這個定律揭示了整個行星體系的運行規律，而它的發現者牛頓清楚地意識到他並沒有發現真正的「原因」，而只是發現了這種未知原因運作的規律。規律只描述現象的重複性，規律本身並不推動星體或任何事物的運行。真正的原因是在現象背後的東西，是經驗中無法發現的 ❶。由此，銳德肯定了自伽利略 G. Galileo (1564–1642) 以來的自然科學方法論上的一個重大革命，這個革命便是從試圖回答「為什麼」轉為僅僅描述「怎麼樣」。從表面看來，這似乎是個退步，但實際上卻是一個重大的進展。那些試圖解釋為什麼的自然哲學家隨意設定各種無法用經驗觀察到的「原因」，給科學帶進了許多主觀臆測的東西。有些對自然現象的解釋純粹與不解釋沒什麼區別。如說一顆橡樹種子之所以能長成橡樹，乃是因為它具有長成橡樹的能力。自伽利略到牛頓所完成的一個革命就是不再去假設這種原因，而只注重於揭示現象的規律性，並用以預測未來。休謨的因果理論進一步完成了這一自然科學革命的哲學論證。

但是，當人們發現科學語言中所講的因果聯繫，事實上只是事件發生的規律性時，可取兩種反應：一種是說，由於這個道理，因果聯繫無非只是已觀察到的事件的規律性，或恆常的次序。另一種是說，由於那些過去被認為因果聯繫的，原來只不過是規律性，因而這些規律性並不是因果聯繫。這兩種反應的區別在於：前者修改

---

❶　見銳德《行為能力論集》，頁41–47。

原因的定義，去吻合科學中對這個詞的應用；後者則堅持原來的定義，去糾正平時不正確的應用。前者是休謨的反應；後者是銳德的反應。在銳德看來，「原因」指的是動力因，是能產生結果的能力的發揮，休謨的理論用修改定義來理解科學上和哲學上的進步，反而是把「原因」一詞的涵義搞混了，會使我們失去適當的詞來表達原來我們用「原因」一詞所表達的涵義。其結果是，首先我們因此會不得不說日為夜因，夜為日因；愚蠢為明智的原因，邪惡導致善良，……因為所有這些都是恆常先後相繼的。其次，我們也只能否認凡事必有因，因為我們從經驗中無法得出這個結論。其三，上帝的存在也被否定了。由於原因被看成與作為結果的事件恆常地先後發生的事件，而我們又根本無法觀察到上帝創造世界這一事件，於是我們就不能說世界是上帝創造的。但在銳德看來，原因在其本性上就是無法直接觀察到的。因而休謨的論證是個基本的用詞上的錯誤。銳德認為，每個事件必有其原因乃是我們常識的第一公理之一。我們受我們的心靈構造所決定，無法抗拒這樣的公理，無法不去尋找事件的原因，並且在發現恆常會合時，把因果關係運用於這些事件。那麼他又如何調和他的這一觀點和他對伽利略—牛頓革命的肯定呢？仔細分析一下，就可發現這裡毫無矛盾，因為他對牛頓的肯定並不意味著他對真正原因的否定。他講的只是我們憑對自然界的經驗觀察無法發現原因。但同時我們的本性又決定我們必然相信凡事必有因，這兩者是不矛盾的。

銳德不但認為這兩者不矛盾，而且還認為前者正可用來部分地證明後者，──即證明我們這一信念並不是來自於經驗觀察的。首先，經驗觀察只能證明非必然性的真理，而我們的信念是凡事必有因。換而言之，我們不是說有始的事物一般都有原因，甚至不是說

它們事實上總有原因，而是說它們必然有原因，沒有原因就不可能發生。這個信念中的必然性是無法從經驗歸納中得到證明的。經驗只能告訴我們事實是如何，不能告訴我們它必然是如何。其次，經驗歸納總是有限的，如果未來的經驗觀察發現了例外，那麼這個歸納出來的結論就動搖了，然而我們卻根本不考慮凡事必有因這樣的原則會有例外。第三，經驗觀察甚至無法使我們歸納出凡我們觀察到的事都事實上有原因。「原因不是感官的對象」，絕大部分自然現象的原因都是不可知的，我們對原因的唯一的經驗是我們自己對自己的思想和行為的主宰。但這種經驗要作為凡有始的事物均有因這樣一個普遍的結論的基礎，顯然是太狹窄了❷。

銳德還指出，我們對於一個在一定情況下發生的事件在相似的情況下會重複發生的信念，並不來自於經驗的重複。一個半歲大的小孩子如果玩火燭燙傷過手指，以後就不敢再碰火了。由此亦可見我們對同因同果的信念，對未來會與過去相似的信念，均是與生具來的❸。

何以證明這個信念根源於我們的本性呢？銳德指出，第一，這個信念是「人類普遍接受的，不只是哲學家，還包括未開化的粗野的俗人」。第二，「人們不只是在思想上接受它，而且在生活實踐中所有重要的事情都基於它」。即便在經驗無論如何也找不到一個事件原因的情況下，人們也不願相信這個事件是沒有原因的。一個孩子的玩具不見了，他相信一定是有人拿走了，「也許不難使他相信這是一個隱形人幹的，但要說根本沒人幹，他卻無法相信」❹。

---

❷　見銳德《智力論集》VI, 6，頁653–655。

❸　見銳德《行為能力論集》，頁113。

❹　見銳德《智力論集》VI, 6，頁658。

　　前面我們已提到過，事實上休謨是基本上持有同樣的看法的。休謨也認為我們人類的本性會迫使我們超出理性所能證明的範圍，而相信因果聯繫的存在。但是休謨所講的人類本性，是指的心理學本性，心理習慣。而銳德則不講習慣，他更直接地用天生的本性來解釋。另外，在休謨那裡，對因果的必然性的信念在很大程度上基於後天的習慣（雖然這種習慣只有在先天的「聯繫原則」，也即心靈自然運作規律的基礎上，才能形成），而銳德的必然則更接近於康德的「先天範疇」。

　　這裡另外值得注意的一點是，銳德雖然承認原因不是感官的對象，也承認自然界絕大多數現象的原因是不可知的，但他認為，我們還是可以知道我們自己是自己某些行為和思想的主宰。我們還可以通過我們的行為去導致各種結果。正是通過對自己的行為能力的作用方式的意識，我們才得到原因如何發揮作用的概念❺。休謨也許會說，我們連這裡的因果聯繫也是無法感知到的。我們所能感知到的只是這樣一類的先後系列：欲望或意願——行為——某些外部事件的發生，至於這個系列的各環節有無真正的因果聯繫，我們無從斷定。對此，我們在銳德的論著中找不到辯駁。他似乎認為我們對自己的行為的主宰是經驗可以確證的，他更多地是從這一命題對倫理學的意義上去論證它的重要性，論證它是倫理學的必要前提。

　　比較銳德、休謨和康德的因果理論，可以看到他們三者實際上在這一點上是一致的——三人都認為因果的必然性依賴於某種心理上的先天的東西或範疇（康德），或原則（休謨）或第一原理（銳德）。所不同者，主要在於休謨的心理原則目的在於解釋我們的因果概念與信念，並把因果重新定義為「恆常的次序」或心理習慣的「外射」。

────────────

❺　見銳德《行為能力論集》I. 5, 頁37。

在他那裡，不僅因果關係歸根結柢只是觀念之間的關係，而非客觀事物之間的關係，而且，動力因的概念被看成了無可奈何的迷信，為先天構造所決定的偏見。康德的範疇意在提供「因果聯繫如何可能」的答案。在他那裡，「恆常的次序」中的客觀性與必然性均是由我們的先天因果範疇提供的。他沒有明確地區分動力因與作為規律的次序，並且他的答案只限於現象領域，而不涉及物自體自身是否有因果。銳德與康德和休謨不同，他的第一原理意在回答懷疑論者，提供我們怎麼對事物自身的因果聯繫可以有知識。另外，他既不把因果歸結為規律性的次序，也不把兩者混同起來，而是明確地對它們作了區分。

二、人的同一性

所謂人的同一性 (personal identity)，指的是這樣一個問題：什麼是構成某個人之所以成為某個人的不可或缺的要素？如果你見到一位多年不見的朋友，此人從相貌、性格、知識結構等各方面均有很大變化。也許你是從依稀的相似斷定他為當年老友，可這依稀的相似只是你認識的依據，並不是他的事實上為你當年老友的不可或缺的要素。也就是說，現在的他與當年的他並不依賴這相似而為同一個人。假如這位朋友是歷經戰爭滄桑，傷手殘足，經年來全身「部件」均已換過，他是否仍然是同一個人？無論你回答是或不是，你都要有一個回答的依據。這個依據是什麼？這是一個極為複雜、有趣、也極為重要的哲學問題。它涉及到最根本的理論問題之一，即我們對人本身究竟為何物的認識，也涉及到極為現實的實際生活問題──如何斷定身分。不但綁赴殺場，要「驗明正身」，在日常生

活中，任何一件要負責任的事情，均會涉及誰來負責的問題。尤其是現代科技越來越發達，換換內臟、肢體之類的事已不稀奇。社會生活中壓力沉重，人格變異、記憶喪失之類的事也屢見不鮮。總有一天，一個妻子會碰到這樣的問題：早上走出去的丈夫和晚上回來的「丈夫」是不是同一個人？

近代西方哲學中對這個問題最著名的論述來自洛克、休謨和銳德。

洛克認為在講到生物學意義上的人時，人的生命是人的同一性的基準，只要一個人的生命沒有中斷，那怕他換了大腦，他在生物學意義上依然是同一個人。但在法學意義上，即要為行為負責的主體的意義上的人，應當以人的意識和記憶為標準。洛克並不否認心靈實體的存在，但他認為這一心靈實體的同一性對於法學意義上的人的同一性並不相干。在他看來，一個人如果徹底喪失了原有的一切記憶，就不應當為過去的行為負責。要一個人為自己毫不知曉的事情負責是不公平的。按照這個理論，假如一個殺人犯在醫院裡洗了「腦」，儘管他仍然擁有那個殺過人的軀體及靈魂實體，但他的「軟件」都換了，就在法學意義上成為另一個人了。

銳德對洛克的批評比他自己的理論更廣為人知。銳德對洛克的批判主要有二點。首先，銳德指出，記憶或意識可以看作是人的同一性的判斷依據之一，即我們可以借助於它去判斷一個人是否仍是過去的那個人。但記憶或意識並不構成人的同一性。說「我記得我做過某件事，就使我成為做這件事的人」，就像說「我相信宇宙是被創造的，就使得宇宙是被創造的」一樣荒謬。

其次，銳德指出，洛克的理論會導致荒謬的，甚至自相矛盾的結論。比如說，假設某個人腦子裡所有的意識給複寫到了二十個人

的大腦裡，那二十個人就都是同一個人了；如果一個人失去了所有
的意識，這個人就變成另一個人了。如果一個人換了二十次意識，
這樣，同一個人就有可能成為二十個人。假如有一個勇敢的軍官，
記得自己在小時候曾因偷果園裡的果子被鞭子教訓過，若干年後，
這勇敢的軍官晉升為將軍了，他記得自己曾是一個勇敢的軍官，卻
忘記了自己曾是那個偷果子的小男孩，按照洛克的理論，這位將軍
和勇敢的軍官當是同一個人，軍官與偷果子的小男孩也是同一個人，
但將軍與偷果子的小男孩卻不是同一個人 —— 甲就是乙，乙就是
丙，而甲卻不是丙 —— 這顯然是邏輯上的自相矛盾。銳德進一步指
出，任何人都不可能記得自己做過的所有的事，但我們並不能因此
就說一個人一旦忘記某事，就不再是做某事的人。沒人能記得自己
的襁褓時期；但由此我們不能得出沒人有過一段襁褓階段。銳德指
出，同一性必須依賴於某種歷時而不變化的東西；意識或記憶均是
時刻在變化的，因而顯然不能作為同一性賴以存在的依據。如果以
此為依據的話，那麼每個人都時刻在變，也就沒有人能為自己過去
的行為負責了。

　　休謨關於人的同一性的理論與洛克有很大的不同。休謨從他更
加嚴格的經驗主義原則出發，認為除了概念的邏輯的關係之外，凡
是事實命題都應當有經驗的基礎。凡是經驗無法觀察到的東西都是
沒證據的假設，都應從關於事實的知識系統中排除出去。由於「我
自己存在」是一個事實命題（不像「單身漢是未婚男士」，屬於概
念的邏輯關係），它必須有經驗基礎。那麼經驗告訴我們這個「我」
究竟為何物呢？「當我切近地體會我所謂我自己時，我總是碰到這個
或那個特殊的知覺，如冷或熱，明或暗，愛或恨，痛苦或快樂等等
的知覺。我從來無法抓住一個沒有知覺的我自己，而且我也不能觀

察到任何事物，只能觀察到一個知覺。當我的知覺在一個時間內失去的時候，例如在酣睡中，那麼在那個時間內我便察覺不到我自己，因而這個我自己甚至可以說是不存在的」❻。按照這個否定性的理論，「我」最多只是一束知覺。

但是既然經驗無法告訴我們在知覺的背後，有一個知覺者存在，我們又怎麼會得出有一個與知覺相區別的，作為知覺的主體的我的存在的呢？休謨認為，這主要是由兩種心理的「聯繫的原則」在起作用，一是相似的原則，一是因果的原則。我昨晚睡覺前所有的這一「束」知覺與今天醒來時所有的這束知覺基本相似（我對自己的面容、環境等等不感到新奇陌生），並且其中某些知覺與另一些知覺可以有因果聯繫（如昨晚喝多了酒，今晨感到頭痛）。由此，我們心理上便自然而然地從相似性和因果關係中得出了這些知覺均屬於同一個主體這個結論，並且即便我在入睡後和醒來前這一段時間中沒有知覺，我也自然地認為這個「我」一直存在著——心理上的自然推論把這個空隙填補了。

銳德指出，休謨這一理論是基於觀念論的，因為觀念論這個出發點是錯的，所以這個理論也就站不住。休謨的同一性理論是觀念論的必然結論。銳德把這一理論概括為如下推論：「由於觀念是思維的唯一對象，並且在不被思維時便不存在，於是必然的結論就是思維的任何對象都不可能有持續不斷的存在……。（所有的一切）或者是感知的或反省的觀念，或者不是。如果是感知的或反省的觀念，它們便在被知覺到之外無法存在；如果不是感知的或反省的觀念，它們就是無意義的詞句」❼。在推論上，休謨並沒錯，錯誤是

---

❻　休謨《人性論》，頁282。譯文基本按照關文運本，本人參照英文原文稍作改動。

出在前提上：我們的出發點不應是觀念，而是常識的第一原則。這些原則不僅是我們事實上無法避免的出發點，也是我們沒理由去懷疑其為真的出發點。這些原則中就包含了對自己作為與自己思想、知覺等等相區別的主體的存在的信念。這種信念在我們理解的方式中和語言的運用中都可以發現。從理解方式上來看，如果按照休謨的理論，人的主體只是一束知覺，那麼誰是這個對這束知覺有意識的自我？是那些印象對觀念有記憶和知覺，還是那些觀念能知覺和記憶那些印象？我們的理解力只能用一個「我」的存在來解釋。在語言的運用中，我們也始終帶有對主體存在的信念。我們不稱一個殘肢者為一個「百分之八十的人」，而是仍然稱他為一個人，雖然他的軀體不完整。同樣，多一點少一點知覺，也不影響一個人作為一個主體的完整性。還有，我們作為行為者，必須是我們自己的身體和思維活動的原因，否則不但是行為、意志自由等等無法解釋，所有道德責任也就無從談起了。由此可見，我們的日常語言和我們的理解力均迫使我們相信一個人是一個不可分割的「單子」，而這個信念本身，則屬於不可證明的第一原則。

三、自由意志與行為

美國當代哲學家理查‧泰勒 Richard Taylor 說，銳德有關自由意志的理論也許是他的哲學最接近於現代細緻分析哲學的部分❽。

所謂自由意志的問題，首先是一個哲學本體論上的問題，它是

---

❼　見銳德《研究》，頁264。

❽　見泰勒〈格瑞烏「蘇格蘭常識哲學」一書書評〉。*Philosophical Review*, July 1961，頁415。

與決定論聯繫在一起的。我們通常認為，人有自由意志，也就是決定自己思想與行為的能力。而嚴格因果決定論認為，宇宙中的一切都是服從於因果律的。所有的事件均是由其原因所唯一地決定的，而作為原因的事件又是由其本身的原因所決定的。因此我們的一切行為，最終都早已為遠古時發生的一切所決定，而不是聽任我們自己的。所謂自由意志，在嚴格決定論者看來，只是我們的錯覺。這裡，看上去似乎只是一個在嚴格決定論與自由意志論之間二者擇一的問題，但實際上，問題卻遠遠不是這麼簡單。即便是僅僅想在理論上講清「自由意志」這個概念，提供一個理論模式，以解釋自由意志是怎麼回事，就極不容易做到。

其次，自由意志問題的討論還是倫理學的一個必要前提。如果人不能自由地按自己的意志決定自己的思想和行為，如果人的思想和行為或者它的意志本身都是由他所不能控制的因素所決定的，是那些因素的必然結果，那麼也就說不上道德責任了，這個人就不能為他的思想和行為負責，不能接受道德上的讚揚或責備，不能是一個道德行為的主體。因此，論證人有自由意志，不只是一個本體論的問題，還是一個為倫理學奠定基礎的重要工作。

1.行為能力

考察銳德有關自由意志的觀點，我們必須首先涉及他的一個重要概念——行為能力 (active power)。前面在討論銳德對觀念論的批判時，我們已講到過銳德某些關於「能力」的論述，即能力不屬於知覺或感覺或意識的對象。它屬於那種相對概念，即只能通過其性質等等來認識的東西。所謂行為能力，指的是與思辨能力 (intellectual or speculative power) 相區別的一種能力。「正如在所有的語

言中都有行為與思維的區別，同樣的區別也適用於行為能力和思辨能力」❾。視力、聽力、記憶力、分辨力、判斷力、推論能力等均屬於「思辨」範圍，而執行工作、勞動、創造的能力屬於「行為能力」範圍。

行為的首要條件是有意志 (will)。所謂意志，在銳德的定義中指的是，對自己所能決定的事情作出決斷的能力。銳德指出，許多人把情緒、欲望、情感等種種影響行為的因素及動機均統稱為意志，這是不精確的。有行為能力者，必須也有不作出行為的能力。我們由嬰兒變為成人，我們消化食物、血液循環、心臟跳動，這些都不在我們的意志控制範圍之內，因此我們就不把這些稱為我們的行為，而作為自然的變化。同樣道理，當情緒、欲望、情感不在我們自己所能控制的範圍內時，它們所引起的結果也不能稱作行為。所以嚴格說來，只有有意志的行為才能稱得上行為。「無意志行為」的說法是自相矛盾的。但由於我們在習慣上已把行為一詞擴展了，所以以下在嚴格意義上使用行為一詞時，我們均寫作「有意志行為」，以示區別。

銳德指出，人的有意志行為，還必須具備以下條件：首先，它必須有一個對象。正如思想要有思想的對象，記憶要有記憶的對象，意志也要有意志的對象。如果沒有對象，有意志行為就無法與本能的動作、習慣的動作相區別。其次，意志的主體還必須有對這個意志或對象的概念，否則就無法把意志與欲望相區別。一個剛出世的嬰兒會有吸奶的欲望，卻不能說他的吸奶是有意志的行為。這裡的區別之一就在於嬰兒還不能對這個對象形成任何概念。沒有一定程度的理解，至少是對自己所意向的東西有一定的概念，就不可能有

❾　見銳德《行為能力論集》，頁11。

意志。第三，有意志行為中意志的對象必須是本人的行為。我可以說，我決定看書，但我不能說我決定你看書；除非我說，我決定叫你看書，而這叫某人做某事，又是我本人的行為。意志的對象與欲望的對象有別。欲望的對象可以是任何我們追求的東西，它可以是一個人、一樣東西、一個事件；而意志的對象則只能是行為，而且是自己的行為。我們可以對某個行為有欲望，卻沒有意向；或有意向，卻沒有欲望。一個渴的人也許會被意志決定而不喝，一個法官可以用意志力抗拒欲望而給一個自己喜歡的人判刑。因此，欲望只能成為意志的催化劑或動機，而不能把它與意志本身混淆。第四，意志的對象還必須是意志者本人認為力所能及的、並且依賴於自己意志的行為。我可以說我想去火星，有去火星的欲望，但我不能說我決定去火星，因為我並不相信我能辦得到。一個舉重者可以決定一試二百磅的重量。他在相信自己能舉起二百磅之前，不能說我決意舉起二百磅，但他可以說我決意一試——這個「試」是他力所能及的。他也可以決定不舉起二百磅決不罷休，一直試下去，練下去，這也是他力所能及的。第五，當我們決意立刻作出某種行為時，總會相應地產生一種執行此決斷的努力，而且這種努力總是與行為本身的難度成比例的。第六，在心靈做出任何略有重要性的決斷之前，總有引發這種決斷的因素，如某種動機或理由。

2.銳德的自由概念

有意志的行為並不等於自由行為。它既可以是自由的，又可以是不自由的。所謂自由，這裡指的是決定自己意志的能力。由於意志乃是決定自己行為的能力，而自由指的是決定意志的能力，因而，自由乃是高於意志的能力。當一個人自己是決定自己意志的原因時，

意志所做出的決定及相應的行為就是自由的。但如果他的意志是由他本身以外的別人或別的因素所決定的，則這個行為就是不自由的❿。一個有意志而不自由的行為，是自願自覺的，但它的最終原因不是行為者自身。

銳德指出，這個理論是針對霍布斯 Thomas Hobbes (1588-1679) 的。按照霍布斯的理論，自由與不自由的行為之區別，與行為的真正原因無關。只要這個行為是由我們自己的意志所決定的，就是自由的。反之，如果我們決定不幹，仍不得不幹，就是不自由的。這個理論關心的是意志和行為的關係，而不是意志和意志的原因的關係。霍布斯的理論的一大優點是它與因果決定論無矛盾。這個理論可以認為人的自由行為是人的意志所決定的行為，並且如果我的意志決定不幹，我也可以不幹。但意志本身卻可以是由我的欲望、當時的判斷等等因素決定的，而我的欲望判斷等等又可以是由我的生理結構、遺傳、生活的環境及受到的教育等各種因素決定的。但在銳德看來，這與必然性相一致的優點恰恰證明了它不能用在自由意志的概念上。銳德認為，如果「自由」指的是行為上不存在外在的壓力或限制，這個自由概念是可以的。如果自由指的是沒有法律上的責任或義務，它也是可以的。但是，如果指的是與必然相對的自由，那麼它就不適合了。因為必然性指的是被某種在自身能力所及範圍之外的原因所決定了的，不可避免的，其結果是唯一地為那個原因所引起的。而與此對立的自由則是相反，即是由行為主體自身所決定的。所以這個意義上的自由必須涉及意志和意志自身的原因的關係，而不是意志和它引起的行為的關係。自由的行為不只是自願自覺的，還必須是自因的。假設我的意志不是我自己決定的，

---

❿　見銳德《行為能力論集》，頁265。

而是由一個跟我大腦連接的控制中心遠距離操作控制的，那麼即便我有做某事的意志，即便我的行為的直接原因是我的意志，由於這個意志本身不是我自己決定的，我也還是不能說自己是自由的。同樣道理，動物的許多行為是自願的，但不是自由的。他們對自己的意願、情緒等等沒有控制能力，因此，我們也就不把動物看作道德主體。兒童與精神失常者的許多自願行為也不足以成為道德評價對象。只有在對自己的行為有控制能力時，人才成為道德主體。

銳德的自由概念也是與洛克的概念對立的。洛克區分了自由的行為與自願的行為。假如你被鎖在一間房間裡，也許你自己並不知道，這時即便你自願待在裡面，你待在裡面這一行為在洛克看來還是不自由的。自由的行為必須是如果你不想幹你就可以不幹的行為。但在銳德看來，只要你是自願待在房間裡，並且你自己是決定這個意願的原因，即使這時你事實上無法出去，你所作的也仍然是自由的行為，你仍然要在道德上為自己的行為負責。因為你的行為仍是由你的意願所決定的，而你的意願又是你自己所決定的。你的被鎖純粹是外在的偶然因素，並不影響你的行為。正如威廉・羅爾 William L.Rowe 所指出的，銳德的自由概念並不要求行為者能夠「不想幹就可以不幹」，因為這與你幹這件事並不相干。你如想離開這個房間卻做不到，房間給反鎖了，這時候你之留在房間內確是不自由的。但這與你最初自願留在房間內毫無關係。因為最初你決定留在房間內時，是出於自己的意願。銳德的這一自由概念甚至不要求行為者能夠有相反的意願。它只要求行為者能夠沒有相反的意願。假如我在自願留在房間內時並不知道我已被一架機器監控，一旦我將要產生離開這個房間的意願，它就會插入進來干涉我的意願，使我無法產生這個意願。在這種情況下，儘管我已不能產生離開這

房間的意願，但是我仍然是我留在房間裡的意願的原因，並且在機器實行干涉之前我仍然有著決定自己意願的能力——我仍可以決定不願留在房間裡，雖然我的決定最後會受到干涉。這裡，機器的存在仍然是外在的，未起作用的。如果沒有這個機器，我也仍然會留在房間裡。這時雖然我已無法不決定留在房間裡，但我仍可以決定自己是不是繼續成為自己留在房內的意願的原因，所以我仍是自由的❶。

3.駁決定論者

銳德接下來分析批評了決定論者反對自由的有意志行為的幾個主要論證。

(1)決定論者反對自由意志論的一個論證是：人的所有行為都是由人的動機引起的，而最強烈的動機決定了最後的行為。所以這裡面並沒有真正的選擇，因為動機決定了人的行為。而如果一個行為不是為動機所引起的，那麼他的行為也是任意無常的，也就仍無自由，仍無法作為道德的主體。

銳德對此作了詳盡的反駁，其中主要的幾條是：第一，動機並不能成為行為的原因，它只是影響行為的因素。因為動機不是能夠有行為的東西，而是某種認識，某種理由。它對行為的影響方式尤如一個建議對行為的影響，接受不接受建議仍然在於主體自身，否則它就不成其為建議了。這在現代仍是動機非原因論者的主要論據。

第二，自由行為中表現出來的智慧就在於當一個人可以按多種動機行事時，選擇了最理智、最高尚的動機。如果沒有這種選擇的能力，如果人都不得不按最強烈的動機來行動，那麼就無所謂聰明

❶　參見羅爾〈銳德的人的自由概念〉，*Monist*: 70，頁431–441。

與愚蠢、理智與任性了。

第三，猶豫和選擇並不一定是在各種動機之間作選擇。有時候，我們可以發現自己的某些行為並沒有任何意識到的動機。推說可以有意識不到的動機在起作用，只是無根據的假設。有時候，我們也會發現自己處在幾個差不多有力的動機當中被迫選擇一個行為。如果說人在這種情況下就無法作出抉斷，像布里丹那個理性的驢在二堆同樣大小、同樣距離的乾草之間無法作出抉擇而餓死，顯然是荒唐的。如果一個人不能在無動機的情況下行動，那等於說人沒有行為的能力。

第四，對於「行為總是由最強烈的動機導致的」這種說法，鋭德指出，如果把最強烈的動機就定義為最後導致行為的動機，那麼這個定義就使上述命題成為同義反覆，無非是說「導致最後行為的動機是導致最後行為的動機」。如果不那樣去定義「最強烈的動機」，那麼至少應當認為最強烈的動機並不必然導致最後的行為。動物性的動機（如饑餓）的強弱應當以需要多少力量來抵制它為標準，理性的動機之強弱則以它在多大程度上符合我們的責任與真正的利益為標準。衡量二者強弱的標準截然不同。因此，說「最強者獲勝」是缺乏分析的。當動物性的動機與理性的動機發生衝突時，有的人讓動物性的動機控制，有的人則仍按理性去行為。這裡顯示出來的不同，不是動機本身強弱程度的區別。因為一個強烈的動物性的動機，按理性標準衡量是微弱的，而一個強烈的理性的動機，按動物性標準衡量是微弱的。如果從總體上看，只能認為無論按那種標準，最強烈的動機並不總是獲勝的。

(2)決定論者否定自由行為的另一個論證是，如果人的行為是自由的，就無法通過任何外在的因素去決定人的行為，如指導、命令、

限制、鼓勵等等。銳德首先承認，人作為自然界的一部分，也受自然規律的支配。因而人在一定程度上與機器、與無機界的事物一樣被決定。但是，銳德指出，對決定論者來說，最大的問題是如何解釋一個人應為他的行為負道德或法律上的責任。因為如果一個人的行為完全是被外在因素決定的，像機器一樣，人也就無法為自己的行為負責。要讓一個人為一件事負責，這個人必須對這件事的發生或不發生有控制的能力。當然，這種控制能力並不意味著人就完全超出了任何外來的影響，成為神一樣的全能的主宰。事實上，那怕只要是自覺地接受外來的影響，如指示、命令之類，就要求接受者有控制自己、選擇自己行為的能力。機器之接受影響是完全被動的，而人之接受法令的制約卻是主動的。如人沒有這種主動能力，沒有決定自己服從及不服從法令的能力，那麼法令也就不成其為法令，人也就談不上有道德上的責任或義務去服從法令了。

(3)決定論者第三個否定自由行為的論證是，銳德理論中的自由行為本身無原因，因而它與二條人們普遍接受的基本定律相悖，即充足理由律和因果聯繫的普遍性原則（凡事必有因）。因為如果一個人對自己行為和意志有充分的控制力，就意味著這種控制力本身不被任何原因所決定、所控制。它所作出的決斷本身也無法用任何原因來解釋。這裡，銳德對充足理由律本身提出了疑問。在他看來，充足理由律本身既含混不清，又缺乏充足理由。如果充足理由律指的是所有自然事件都必須嚴格遵守自然規律發生，那麼至今我們尚未發現任何一個自然規律是不可以有例外的，至少上帝可以出於某種理由創造奇蹟。如果充足理由律指的是在接受一個命題為真時必須有足夠的證據，那麼這個定律並沒有告訴我們什麼足以推翻自由行為的東西。如果它說的只是凡事必有因，那麼它是對的，並與銳

德關於自由行為的觀點不矛盾的。因為自由行為並非無因，而是由行為者本身為原因。如果充足理由律指的是必須有進一步的，唯一地決定行為者的決斷及其行為的原因，那麼確實，回答只能是否定的。因為如果一個行為者的決斷是由在先的原因所唯一地決定的，不可避免的，他就不成其為自由的了。說一個人能是自己行為的原因，而他自己又為在先的原因所決定，就等於說他有能力引起他的行為又沒有能力引起他的行為，這顯然是自相矛盾的。但如果充足理由律不經任何證明，僅僅憑著「你違反我充足理由律」就宣稱自由意志的不可能，那麼顯然它是犯了循環論證的謬誤。它未經證明就把人當成機械的，只能由外因決定的。最後，如果它說的是所有的結果都是其原因的<u>必然</u>的結果，而不只是「必須有一個足致其產生的原因」，　那麼它蘊含了一個普遍的宿命論。它不但會導致許多荒唐的結論，而且自身也是既不自明又無論據的。它只是在作出一個決定論的獨斷論斷而已。

(4) 否定自由行為的另一個論證是從上帝存在這一假定出發的：如果上帝是全知的，那麼上帝就必然知道任何人將要作出任何行為；而如果一個人的行為在他作出決定之前上帝就已經知道了，那麼這個人的決定就不是經由他自己的，因而也就不可能是自由的。這個論證雖然是從上帝的存在和上帝的全知這一假定出發，但它對於雖不相信上帝，卻相信人的行為在某種程度上可以被預見到的人來說，仍具有很深的哲學意義。這個論證從廣義上提出了這樣的問題：能夠被預測到的行為能否是自由的？

銳德仔細地把這個問題分為三個問題來回答。首先，問題可能指的是：如果一個行為能被預知，那麼它就是將要發生的。但自由的行為卻是可發生又可不發生，取決於行為者的意志的。說它將要

發生，又說它可能不發生，是自相矛盾。因而能被預見的行為就不
能是自由的。銳德對此的回答是：一個行為將要發生與它以什麼方
式發生無關。它既可以是被決定地做出的，也可以是自由地做出的。
自由指的是其發生的方式，與它是否會發生沒有本質聯繫。其次，
問題可能指的是如果某事被預測到將要發生，就意味著它必然要發
生，不然就無法說是被預知，而只能說猜測了。對此，銳德回答說，
預知或預測本身是認知行為。認知行為本身對認知對象通常並無實
際的聯繫或影響。因而作為認知對象的實際行為究竟是自由的還是
必然的與它被預知與否無關，正如對過去的事情的知識不會導致過
去的事情成為必然要發生一樣。第三，問題可能指的是：如果人的
行為是自由的，那就根本無法被預知，因為不是必然的事情是無法
預知的。但是這個論證的前提本身缺乏證明。那些所謂的證明都在
前提中已設定了將要證明的東西。誠然，人類對未來的知識只能從
現在的事物及我們過去的經驗中去推論，而這種知識即便是從已經
確立的關於自然規律的知識中推出來，仍然具有或然性，仍然是假
設，更何況是對人的行為的預測，更難以說有十分的把握。但我們
卻缺乏足夠的證據證明上帝也無法對不必然的事情有預知。如果說
我們可以對過去的非必然的事件有認識、有記憶，為什麼上帝或某
些具有特異能力的人對未來的非必然事件就絕對無法有預知？如果
說只有對從現在的狀況中必然地導致的未來事件才可以有知識，那
我們就不得不說只有對必然地發生於現在狀況之前，作為現在狀況
的必然原因的事件才可以有記憶。顯然銳德並不是想證明我們只能
通過因果聯繫去知道過去的事件。有人或許會說記憶中的事是已經
發生過的，人對此可以有直接的經驗，因而不必要從其原因或結果
中去推論。但未來的事是尚未發生的，因而有理由認為對未來的知

識只能是從現狀中去推論。但銳德的意思不是要證明人可以有對未來事件的直接經驗。他只是要暗示，也許上帝（或別的有前知者）可以有辦法對未來的事件有直接經驗。這種可能並不能簡單地排除。這裡，過去和未來的不對稱性究竟何在，至少是值得討論的。

4.對自由行為的論證

除駁斥反對自由行為的各種論證之外，銳德還提供了他對自由行為的正面論證。

(1) 銳德認為最有說服力的事實即凡人皆有對自由意志和自由行為的自然信念。每當我們作出努力，猶豫，許諾，内疚，對別人作出譴責時，都蘊含了這種信念在内。如果我們不相信我們有自由行為的能力，不相信自己能決定自己的行為，就沒有必要猶豫，不必要作出努力。因為猶豫不猶豫，努力不努力都沒有兩樣。同樣，如果我們不深信自己有自由行為的能力，就沒有必要許諾，因為許了諾，卻又認為將來能否實現諾言不在於我，諾言就失去了意義。内疚也是基於同樣的信念。如果某個行動不在我的控制範圍之内，我就沒必要為此内疚。每種語言中都有主動詞和被動詞。它們說明創造這些語言的人對行為能力（主動的）和被行為能力所作用的（被動的）東西二者都作了區分。

有人也許會反駁說，主動詞不只是用在人的行為上，而是用在幾乎所有對運動的描述中。銳德的回答是，人們從自己的行為中，首先得到主動與被動的概念，然後才由此及彼地推論別的事物的運動也是由某種有行為能力的東西引起。人們的知識需要時間來逐步完善，以至認識到大部分事物的運動乃至動物的舉動，都嚴格說來不能講是行為，因為它們並沒有自己決定自己的舉動的能力。這種

認識的進展從兒童的成長過程中就可以看到。兒童最初會以為一切事物都會有感覺、意志和行動能力。這種偏見或誤解必然反映在語言當中。偏見容易糾正，語言卻一旦形成就不容易改變。正如我們現在都知道是地球繞日旋轉，而我們卻仍然說太陽升起落下。而且，即便是語言的誤用，主動詞和被動詞的存在本身就說明人對何謂主動，何謂被動，有一種認識。銳德還指出，自由的行為能力也是有史以來人們普遍追求的對象。如果沒有這種信念，人們何必追求？

　　這個論證並不是從內疚之類的現象和語言現象去論證自由的存在，而是從這些現象去論證我們對自由的信念——即這個信念是所有那些猶豫者，許諾者，內疚者和創造、使用語言的人所有的，並由此進一步證明這個信念之為真。從前面幾章的論述可以了解到，這種從信念的普遍性導致信念的真理性的論證，是銳德的典型論證——人們的普遍接受和信念本身的不可抗拒性正是對於這個信念屬於常識的第一原則的證明。銳德也提到，如果我們這種信念是錯的，那就會導致上帝有意欺騙我們的結論。但銳德對上帝的存在和上帝全善的信念的依賴不是主要的，他更主要的是通過論證某些信念本身的不可證明卻又被普遍接受，來證明這些信念的第一性。在這裡，便是說明對自由行為的信念的正確性或真理性我們無法也不需要證明。這裡證明的擔子是在決定論者的身上。如果他們想否定人的自由，由於這種否定是違背人的普遍信念的，他們就必須拿出證據來❷。這最後一點正是後來羅素在《哲學問題》及其他著作中採取的對懷疑論的態度。

　　(2)如果沒有自由行為，道德責任就不可能存在。只有當人能自己控制自己的意願，按自己的意願行事時，人才能成為道德主體。

---

❷　見銳德《行為能力論集》，頁314。

只有當他的行為是自由的，這行為才能成為道德評價的對象。如果一個舉動不在自己所能控制的範圍內，我們就不能要求這個人為此舉動負責。為自己的本性所決定只能做好事而無法做壞事的人，不能說是「善」的。同樣，為自己的本性所決定只能做壞事而無法做好事的人，也不能說是「惡」的。因為這樣的人無法自主，我們就無法要求他們為自己的行為負責。而這樣的人也既沒必要為所做的壞事自責，也無權為所做的好事自豪。

銳德還提請我們注意這樣一個現象：如果一個人在重金賄賂下出賣了國家機密，我們一點也不憐憫他；但如果他是在重刑下或死亡的威脅下招供的，我們對他就會憐憫多於責備。這就是因為在前種情況下，這個人具有完全的自主力，而後者卻只有極為堅強的人才能控制自己❸。

自由與道德責任的這種關係是銳德反覆提出，並反覆作為道德領域的第一原則來強調的。值得注意的是，這裡他又進一步提出了「應當」必須以「能夠」為先決條件的思想❹。如果一個人不能夠做某事，就談不上他「應當」做某事。這與自由選擇不是一回事。假如一個人被抓住手指，硬在一個契約上按了手印，這個人在心裡可以「選擇」不按，在這個意義上他是自由的，但他不能夠按他自己的選擇去行動。因而，我們也無法告訴他，你不應當按此手印。一個人不應當作超出自己支付能力的揮霍。但如果這個人已受到應有的懲罰，他的財物也全都抵了債，那怕只抵掉一部分債務，只要他現在老老實實做人，並在盡一切努力償還尚欠的餘額，就不該說他應當為現在不能付得更多而受到進一步的懲罰。一個水手，為了

❸　見銳德《行為能力論集》，頁312。

❹　見銳德《行為能力論集》，頁316。

避免出海，享受住公費醫院的清閒而自殘，應當受罰。但他在受罰之後，船長就不能堅持仍要他出海，做他已力不能及的水手工作。銳德舉了一系列這樣的例子來說明人對於無法做到的事，不負有道德責任❺。人的道德責任的範圍、程度與他力所能及的範圍與程度一致，前者決定於後者。銳德把作出選擇的能力與執行選擇的能力放在一起籠統地講，沒有作出仔細的區分，是一個不足。但他看到了「應當」與「能夠」的關係，實際上也進一步說明了道德與人的自主能力的關係，即道德責任中不僅包含了選擇，還包含了行動自由為先決條件。

　　(3)人的有計劃行為也證明人有自由意志或自由行為的能力。如果認為人的有計劃行為實際上是由背後我們所不知的原因引起的，而不是人自己所決定的，那就很難理解這種盲目的原因怎麼竟能產生像亞歷山大或凱撒那樣的人物和他們的行為。這些人畢生孜孜不倦地追求一個目標，其所有的行為都顯示出是通向這個目標的努力。這種行為不只顯示人的理解力和智慧，也顯示了人的自決能力。因為沒有自決力的話，智慧就不能變為行動。關於上帝存在的一個著名論證就是基於這樣一個前提：從某些事物（如鐘錶）的構造中，我們可以推出它是為了一定的目的而被有智慧的存在物創造出來的。這裡智慧的證明也就是創造力的證明。因為沒有創造力的話，智慧只能思辯，無法執行。當然，極端的懷疑論者可以說，也許這些人的行為完全是盲目的、為必然的原因所決定的。他們自己根本沒有自主力，甚至連理解與智慧也不一定有；智慧與計劃的跡象只是一種巧合。但這未免太勉強，太無說服力，以致我們可以說：該對自己的觀點提出證明的是懷疑論者，而不是我們。

---

❺　見銳德《行為能力論集》，頁318。

銳德的自由意志理論，可以說是在自由意志和決定論問題上獨樹一幟的「行為者理論」或「自決論」的最完整的表述。這一理論既避免了嚴格決定論對自由意志的排斥，又避免了非決定論的困境——因為事實上非決定論不只是對因果決定論的否定，而且也與自由意志不相容。如果一個人的舉動是完全不為任何原因所決定的，那麼這些舉動也不是自由的，而只是偶發的、隨機的、不在行為者控制範圍之內的。銳德理論解決這個二難處境的關鍵，即在於提出人可以是自己的行為與意志的最終原因。而且正是這種「自因」，使「行為」與別的物理的運動或生理的舉動相區別。

銳德雖是此說的最主要代表，但這一理論的起源，當歸於古希臘哲學家，柏拉圖學院的首領之一卡涅阿德斯 Carneades（約西元前213–前128）。卡涅阿德斯曾提出自由行為是有原因的，只是它們不是被任何外在於人自己的因素所決定的。當人不是自己的舉動的原因時，人的舉動就不是自由的。這種自因說既不導致對自由的否定，也不會導致將人的行為看成偶發的、隨機的。這一理論的擁護者，還包括德國哲學家費希特 G. W. Fichte(1762–1814)和英國哲學家克拉克 Samuel Clarke (1675–1729)。亞里士多德在講到人與動物是自動者時，似乎也有這一意思。康德把人的自由與物理世界的因果決定性作出嚴格的區別。雖然他認為人的自由是超出我們科學認識範圍的，但他也似乎認為人的自由意志就是自因，這種自因乃是倫理行為可能性的必要條件。在現代，行為者理論也有一些擁護者，如坎布爾 C. A. Campbell 和理查・泰勒等❶。

銳德的這一理論，是建立在他的因果觀上的。顯然，在行為者理論中，作為原因的行為者與休謨及其追隨者們所定義的原因完全

---

❶ 見坎布爾《自我與神》第九章，理查・泰勒〈決定論與行為者理論〉。

不同。它不是「恆常地與另一事件會合」的一個事件。具體說來，這個理論至少引進了（或蘊含了）以下三條休謨及其追隨者們難以接受的原則：第一，有些事件的原因可以不是事件。其次，這個作為原因的東西在導致其結果時，本身不被原因決定。第三，這個特殊的事物是一個實體性的自我❶。如果說第三條又被論證為「常識的第一原則」，那麼至少前二條在習慣於經驗科學思維的人來看，是很奇怪的，與他們的「常識」很不一致的。

　　但是，對於銳德這樣的哲學家來說，科學家們的「常識」反而是違背常識的。銳德的論證很簡單——為什麼不能把真正的動力因定義為具有產生結果的能力的存在？要產生結果就必須有產生結果的能力，而能力作為性質又必須屬於具有能力的主體。因此，把具有這種能力的主體稱為原因，才是對原因的恰當理解。反之，如果把原因看成本身又必須被在先的原因決定的東西，只會導致「原因本身不具有產生結果的能力」這樣自相矛盾的結論。雖然主體作為原因其運作機制是有點神祕的，但這種神祕難道不比決定論所引起的結論更容易為我們理解，更符合我們的常識，我們的經驗觀察，我們的日常語言？

5.行為原則

　　銳德哲學的大部分內容，是圍繞著對其他近代哲學家所討論的問題，並常常是以評論、批判他們的理論的方式展開的。而他關於行為原則的論述，則顯示了他不僅在討論別人討論過的問題時具有獨到的見解，而且還是一個開創新領域的哲學家。這裡，他抓住了一個極為重要，卻為近代哲學家們所忽視的領域——行為哲學，對

---

❶ 參見泰勒《形而上學》，頁42–53。

此作了不少極有價值的貢獻。

銳德仔細考察了影響或導致人的所有舉動、行為的因素，他統稱這些因素為「原則」。 如果沒有任何影響或導致行為的因素，如動機等等，那麼人的意志也就沒有了目標，變得毫無意義。所以，他認為這個領域是有關人心的哲學的最重要的部分。

前面已提到過，雖然嚴格說來，只有意志，即決斷能力所決定的舉動才能稱為「行為」， 但在日常語言中，人們往往把「行為」這個詞用得極為寬泛。人們不僅把動物的舉動也稱為行為，甚至把機械的物理運動也稱為行為。銳德解釋說，那是由於人們對那些運動或變化的真正原因的無知，把自己作出決斷的能力推而廣之去解釋自然界其他運動變化的原因而造成的。但語言一旦形成，就不容易改變。為了不違反英語的日常用法，銳德在解釋人的所有運動、舉動和行為的原因時，用「行為」(action) 一詞來代表所有這些。

在銳德之前的哲學家們，有的認為人的行為的唯一原則是自愛，有的認為是追求快樂，有的認為是道德原則和自愛二者，還有的說是理性和激情，或僅僅是激情等等。銳德認為這些學說中蘊含了許多含混與不完整的內容。他提出了一個體系，即把人的廣義的行為原則歸為三類：機械的、動物的和理性的。

(1)機械的原則：包括本能與習慣

本能是盲目的、自然的、沒有任何自覺的目的、沒有猶豫決斷的，人們甚至對由此引起的舉動沒有任何概念。例如人的呼吸、嬰兒的吸奶、吞咽等等就屬這一類。吞咽食物要求許多肌肉的協調動作。我們並不清楚這些肌肉的運動。我們的意志可以作出吞咽的決斷，但卻無法指揮具體的肌肉運動，因為肌肉運作方式只能是由本能決定的。動物也有許多這種本能。

習慣與本能的區別僅僅在於它們的起源。本能是先天的，習慣是後天獲得的。但習慣也是不需要意志和注意的，因而也屬於「機械」的原則。但這種原則在無機界幾乎找不到。一個手錶不管走了多久，不會越走越熟練，而一個人的某種動作重複多次就會養成習慣。

(2)動物性的原則

動物性的原則指的是那些雖然要求意志和注意，卻不要求有判斷和推論的原則，如欲望、情緒、傾向、意見等等。

銳德對英文中指欲望的二個詞 appetite 與 desire 作了仔細的區分。appetite 指的是某一類欲望，其特徵是：每一種 appetite 均伴有一種相應的不安，而且它們都是階段性或周期性的，例如饑餓、性欲等。由於中文中沒有相應的詞，我這裡將按其第二個特徵譯為周期欲。它們一般由二個部分組成：不安的感覺和所欲的對象。因此，如果一個人說饑餓是一種不安的感覺，另一人說饑餓是對食物的欲望，二人都對，但都只對了一半。

饑餓是周期欲，然而食欲卻不一定是。一個人可能在不餓的情況下仍想吃，他可能只是把吃本身當成一種享受（這在動物中也有），或者是為了健康的原因（這就只有人才有了）。由此亦可見同一個行動可能由不同的「原則」所指導。銳德還指出，appetite 不一定是自然的或本能的。例如酒癮、煙癮或毒品癮，就不是與生俱來的，而是通過習慣得到的。

其他非周期性、不帶有一種相應的不安的欲望，有權力欲、名譽欲和求知欲等等。這些欲望在某些較高級的動物中也有。

伊壁鳩魯 Epicurus（約前342–前270）及某些與銳德同時代的哲學家認為人最終只欲求快樂，快樂才是唯一價值在其本身的、可

以作為目標本身（而非獲得其他有價值的目標的手段）的東西。人對其他一切的追求都只是作為追求快樂（避免痛苦）的手段。銳德提出一個反例：人們對自己死後留下的名聲也極為關注，儘管這個名聲不能給他帶來快樂。他還提到，人們常常犧牲安逸、快樂乃至一切，以追求權力、名聲或知識。如果它們只是追求快樂的手段，就很難理解人們何以犧牲目的去追求手段。但是把它們看成價值在其自身的目標，並不等於把它們當成最高的原則。這些原則（權力欲、名聲欲和求知欲）本身並不是善的或惡的，它們只是我們自然構造的一部分。一個人可以用這些原則去做壞事，也可以用它們去做好事。但由於對權力、名聲或知識的追求要求人有自制力，它們通常（並不總是）導向道德所要求的行為，因而在很大程度上成為道德原則的輔助。

正如周期欲可以是自然的也可以是後天獲得的，非周期性欲望中也有後天獲得的——如對金錢的欲望。在商業社會中，金錢幾乎可以買到任何東西，以致有些人忘記了它是一種手段，而把它當作目標本身來追求。而只有在這個意義上，它才成了一個導致行為的「原則」——因為所有只是作為手段而被欲望追求的，其背後的原則都是針對那個手段所要達到的目標的。

情感 (affaction) 是另一種動物性的原則。如果欲望的對象是物，則情感的對象是人。情感可以是善的，也可以是惡的。所有的善的情感都是悅人的，都含有願對象幸福和美好的心意。當然，它們也可能帶來副作用，如性愛如果得不到對方的接受與回報，就會帶來苦澀；母愛如果寵壞了孩子會導致心碎。這類的情感包括父愛，母愛，對施惠於己者的感激之情，對不幸者的憐憫之情，對智慧、善良的尊敬之情，友情，男女戀愛之情，對自己所屬的社團的感情等

等。銳德對上述每一種情感都有較詳細的評論。其中尤其值得一提的是，他認為這些情感都是自然的，都是與生俱來的，而非從理性中推論出來的或是受教育的結果。這個觀點與孟子（約西元前372–前289）關於人性的理論有相通之處。孟子認為，惻隱之心，羞惡之心，是非之心，謙讓之心乃人之四端，並從這四端出發，論證人性本善。銳德事實上為孟子的理論提供了一些很好的例證和補充。例如他在討論對施惠於己者的感激之情時，講到這種情感的普遍存在，以至於法律中都不得不規定法官、證人、政界人物等都不得受惠於人，以防止偏向，防止腐化。而那些施賄者也正是利用人心有這種情感的弱點去達到自己的目的。銳德對憐憫之情的論述，更是直接與孟子的惻隱之心相合。銳德在說明惻隱之心的普遍性時舉例說，我們甚至在看到暴君、兇殺犯被處決時都會有憐憫之心。我們只是出於自我保護和大眾利益的考慮才同意這樣的處罰。有些民族或部落對戰俘的野蠻殺戮，實際上也只是為那些在戰爭中喪命的同伴及他們的妻兒復仇，並不證明那些人無憐憫之心。而且由於那些人從小就受到訓練，渺視肉體的痛苦乃至於死亡，以證明自己是真正的勇敢者，這使他們對肉體痛苦的同情心大大減弱。更何況他們往往除了肉體上消滅敵人，就沒有自己安全的保障。銳德關於對自己所屬的社團的情感的論述，也可作為孔孟關於愛有等差的思想的補充。銳德認為這種情感也是自然的，而且這種情感隨人的聯繫的擴展而擴展，它會延伸到任何我們可以用「我們」或「我們的」的領域。銳德承認它有時引起社團間的衝突，甚至戰爭，然而沒有它，社會就不能存在，一個社團就會像一根用沙做成的繩索。另外，銳德還總結說，在表達這些善的情感時，人總是感到一種屬人的快樂，這也是人的本性。而且，這些情感和本能、習慣及各種欲望不同。

本能與習慣並無尊嚴可言。對權力、名譽、知識的欲望雖然也受到尊重，帶有尊嚴，但它們沒有親切感，而這些善的情感卻既有尊嚴又有親切感。

競爭心與怨恨被銳德歸入「惡的情感」。但銳德認為，這兩種情感也是自然的，上帝給與的。如果得到恰當引導和控制，它們會起好的作用。只是人們往往誤用或用得過分，它們才導致罪惡。另外，這二者與善的情感不同，它們並不帶有親切感和快樂感。銳德是在這種意義上稱它們為惡的情感的。競爭心可以成為促進自己改善和進步的動力。如果在理性和美德的控制下，它會導致許多好的結果。反之，它便變得純粹的嫉妒，導致極壞的後果。比如，在商場中，競爭心是必不可少的。如果它促使競商者去努力超越別人，改善服務，改進質量，這是恰當的；但如果它促使競商者去嫉恨別人，給別人設置障礙，甚至陷阱，便是惡的了。怨恨也是一種自然的「原則」，它的適當運用是激起自衛的行為。但它屬於一種攻擊性的自衛，因而與本能的防衛性自衛不同。後者屬於銳德所說的「機械性」的原則（如閉眼以防風沙、曲身以防拳腳等等）。攻擊性的自衛常比純防衛性自衛更有效，更能嚇退敵人。但顯然，它的過分或不恰當使用會導致各種罪惡。

除了上述動物性原則，還有三種能影響那些動物性原則的因素——情緒(passion)、傾向(disposition)和意見(opinion)。

情緒與情感之不同在於它不是持久的，它更直接地影響到人的身體——如嗓門、姿勢等等。前述各種「原則」，如欲望、情感，可以是不帶情緒的、冷靜的，也可以是帶情緒的。銳德指出，休謨用情緒(passion)一詞來統稱情感、欲望，是濫用語言。情緒本身沒有種類，只有程度的不同。它是可以附加在欲望、情感、希望、恐

懼、欣喜、悲傷等等上面的火焰，而所有這些均是既可以是帶情緒的，也可以是冷靜的。無庸置疑，情緒對人的行為的影響是很巨大的，而且常常引起很壞的後果。情緒往往使人失去理智，做出蠢事或壞事。自畢達哥拉斯 Pythagoras（約西元前580−前500）和柏拉圖以來的傳統認為情緒是需要理性控制的。情緒本身是盲目的，需要理性的指導，在理性的指導下它可以起好的作用。例如強烈的同情心可以幫助人的道德責任感一起完成一件善事，而對懲罰的恐懼也可以遏制人的惡行。不僅藝術領域、政治領域需要有情緒，如果我們把所有細微的情緒都考慮在內，就可以發現，沒有興趣（情緒）我們甚至不能使我們的注意力集中於某個對象；而沒有集中的注意力，我們就難以對任何對象得出正確的判斷，在任何領域做出成績。

　　傾向性指的是使人易於受某些特定動物性原則支配，而不受別的原則支配的心理狀態。例如幽默感、自傲、壓抑等等。它們或使人把一切都看得很灰暗，或使人把一切都看得很明快，或使人易於轉向某些奇怪的宗教，或使人易於交惡於人，等等。

　　最後一個因素是意見或看法。雖然意見或看法是理性原則中的一個關鍵部分，但它對動物性原則有很大影響，以致沒有它，有些動物性原則就不能存在。例如，如果一個人不能對別人所施於己的恩惠形成看法，認識到這是一種恩惠，就不可能產生感激之情。如果不認為自己受到傷害，就不會有忿恨之情。沒有對優越性的認識，就不會有尊重。觀念或看法也會增進或抑制某些自然的情感或欲望。狗也許會害怕懲罰而不敢進食，但不會因為害怕損害健康而不敢進食。難怪對意見或看法有決定作用的傳媒及教育機構成為政府控制人的最主要手段之一。

　　(3)理性的原則

機械的原則可以在沒有意志和意圖的情況下運作，動物性的原則需要意志和意圖，但卻不必有判斷；而理性的原則則必須有意志、意圖及判斷或理性。

這部分最值得注意的是銳德對休謨有關理性與情感的關係的論點的批評。而這個批評集中於這樣一點，即理性能否確定我們追求的目標。在休謨看來，理性只能告訴我們事實，不能決定價值。理性只能告訴我們達到目的的手段，卻無法提供目的本身。例如，理性可以告訴我們適當的運動有益於健康，但卻無法告訴我們健康是我們應當追求的。所有的「價值」均決定於我們的「情感」——我們喜歡什麼，不喜歡什麼（這裡，休謨所講的「情感」是廣義上的，它包括銳德所說的欲望、情感、情緒和傾向）。因此，休謨認為理性是並且應當是情感的奴隸。

按照休謨這個理論，理性就不能被認作為行為的「原則」。因為它自身既無法給人以行為的動機，也無法阻止人的某個行為。因此，要證明理性是行為的原則，銳德就必須對休謨的理論予以駁斥。銳德試圖證明(1)理性能夠提供價值與目標,(2)理性所確定的目標高於所有其他的一切目標。

在銳德看來，理性能提供的目標可分為二類：第一，什麼是總的說來對我們有益的，第二，什麼是我們的責任。欲望、情感、情緒和傾向之類都最多只能激起我們暫時的、當下的行為，無法決定總的來說什麼是對我們有益的，而理性卻能從過去的經驗中作出總結，樹立遠大目標，發現我們當下的欲望所強烈追求的東西不一定對我們有益，從而糾正最初的「好壞」觀念。而且這種總的好壞的觀念將高於所有局部的、當下的好壞觀念，後者當從屬於前者。

銳德清楚地知道，休謨會回答說，理性只能告訴我們什麼行為

長遠地看會導致什麼後果。但這個後果的好或壞，還是取決於我們的情感與欲望，即我們是喜歡這種後果還是厭惡這種後果。喜歡就是好的，厭惡就是壞的。對此，銳德的回答是：(1)這種理想式的欲望只能是通過理性來建立的，理解與判斷是其中不可或缺的成分。因此，把它僅僅看作一般的動物性原則是不妥的。(2)這種目標常常是與當下直接的欲望、情感等等衝突的。正是在這種意義上我們說一個人應當聽從理性，而不應聽從欲望和情緒。(3)它是冷靜的、有見地的。這正是理性的特徵。而一般的欲望和情緒之類，卻是盲目的、衝動的。(4)如果休謨堅持把這仍稱為「情感」，那麼他只是修改了日常語言中「情感」一詞的涵義，也修改了日常語言中「理性」一詞的涵義，即把「情感」定義為所有能決定目標和價值的原則，而把所有辨別好壞的功能均從理性的功能中剔除。但自古以來，各種語言中都把判斷好壞作為智慧的重要部分（另一部分是判斷真偽）。當一個人不能用理智控制情緒和欲望時，我們便認為此人愚蠢，近乎禽獸。理智的成分成為人的標誌。

　　但銳德關於理性能提供目標的最主要的論證，來自他對人的道德責任的論述，即理性能把道德責任作為我們的目標。這種目標可以是完全與情感和欲望及非理性的傾向性無關的，而且正因如此，它們才能恰當地被稱為是道德的。這部分的思想，我們將在下一章中作詳細評述。

第六章　道德論

一、道德常識

前面已講過，銳德對「常識」一詞有幾種不同的用法。對於「道德常識」，銳德也在幾種不同涵義上使用。

首先，它指的是一種人心中判斷道德自明公理的能力。在這方面，銳德的觀點接近以莎夫茨伯利和哈奇森為代表的道德感 (moral sense) 學派。這派哲學認為，正如我們有視覺器官、聽覺器官等等一樣，我們也有一種道德感覺「器官」，或一種特有的道德感知能力。銳德認為，這種能力也是受之於上帝，是先天的，不是後天獲取的。在銳德看來，它首先是一種智力。它為心靈提供許多新的概念，如正義與邪惡、知恩圖報與忘恩負義、仁慈與殘暴、正派與下流、高尚與平庸等等，它也為心靈提供對於這些概念之間的關係的認識，如正義與高尚相比，高尚應得到更多的讚譽之類的道德上的第一原則。值得注意的是，銳德並不把感覺作為純粹接受信息的官能。他認為感覺也包含判斷能力。在這個意義上，我們判斷善惡的能力也可以稱為是道德感或良知。而且正如我們外在的感覺器官是自然的，道德感也是自然的。憑道德感所直接決定的善惡，屬

於道德上的第一原則。在這些第一原則的基礎之上，我們用理性進行推論得出其他原則。正如一切推論都要有最基本的前提，道德原則的推論也必須建立在最基本的第一原則之上。各門學科有各自的第一原則，正如和一個瞎子無法談論色彩，和聾子無法談論音樂一樣，如果一個人無法感知到「己所認為不對的不應施於人」❶，就無法與之談論什麼道德責任。你可以說服他這麼做對他有利，但無法說服他這是他的責任或他必須這麼做。

如果道德常識是一種常識，是人們普遍認同的，怎麼解釋人們還需要有道德教育呢？銳德的回答是，正如其他能力一樣，對道德常識的認識也是逐漸發展健全的。在判斷力未成熟之前，人們對最明顯的真理，也會視而不見。我們看到兒童會被教得相信任何事情，即便是極為荒謬的。在我們的常識展示自身的過程中，會受到教育、榜樣、社會環境等各方面積極的或消極的影響。而常識如果不受到恰當的關照和得到實踐，像一顆種子會死亡一樣，它也會枯萎❷。這裡我們再次發現銳德與孟子思想的一致性。孟子也認為人的「四端」❸需要通過實踐去養育。銳德用了一個比喻，正如我們手腳移動的能力是生來就有的，但仍需要指導，需要實踐鍛鍊才能跳舞、游泳。沒有指導和實踐，我們的動作就會很笨拙。我們對事物的道德判斷也不只是通過歲月而自然成熟。如果把一個嬰兒完全與世隔絕，這個孩子會變得毫無道德判斷力和推論能力，他的行為將是非

---

❶ 這與「己所不欲，勿施於人」有所不同。銳德不會同意把道德感與欲望或意願混為一談。

❷ 《行為能力論集》，頁373。

❸ 即惻隱之心（仁），羞惡之心（義），恭敬之心（禮），是非之心（智）。見《孟子・告子上》。

理性的，受欲望與情緒支配的。只有在社會中，在實踐中，道德判斷能力才能發展。一個人不必通過研究自己的道德判斷能力或倫理學理論來獲得判斷對錯的能力，正如一個人不必解剖自己的耳朵或眼睛來識別音樂與顏色一樣。但他如果沒有觀察過別人的行為，也沒有自己的實踐，就無法有判斷對錯的能力❹。

　　另外，如果基本道德原則是常識，又如何解釋人們對道德的不同看法呢？銳德認為，人們事實上誇大了各種文化及各個個人道德觀上的差異。如果把這種差異與人們對其他事實命題的判斷上的差異相比較，就會發現後者的差異更大❺。但是由於我們本性中就具有這些道德常識，因而道德上的真理與我們的本性有一種天生的親近感。人如果在心境平和的情況下，一旦面對這些真理，就會立即感受到它們的權威性、可靠性。雖然人們在倫理學的理論上有各種學派，互不一致，但在實踐中他們所接受和運用的道德律卻非常一致。這也說明了人們具有相同的判斷道德公理的能力。研究倫理學的人和不研究倫理學的人的區別正如一個眼科專家和一個常人的區別。這二人看馬路上的車輛行人並無不同，所不同的只是對眼睛的結構的理解不同。銳德還由此得出結論──當理論和實踐的道德律不一致時，我們應當用實踐的道德律去判斷理論，而不是相反❻。假如某個理論推導出「可以殺害一個無辜幼童」的結論，那麼，我們應當認為這個理論有問題，而不是「勿殺無辜」這個道德律令有問題。

　　其次，道德常識也指那些被道德感所決定的道德公理，或第一

----

❹　《行為能力論集》，頁370，377。

❺　《行為能力論集》，頁226。

❻　《行為能力論集》，頁387。

原則本身。

正如我們有關於數學邏輯的常識公理、心靈科學的常識公理等等，銳德認為我們也有關於道德的常識公理和第一原則。例如：

(1)對一個完全不是自願的行為不能有道德上的讚許或譴責。

(2)出於不可避免的必然性的行為，也許是受歡迎的或不受歡迎的、有用的或有害的，但這種行為不應成為道德讚許或譴責的對象。

(3) 沒有做應做的事，或做了不應做的事的人，在通常情況下，應受到譴責。

(4) 我們應盡可能明瞭我們的責任，無論是通過認真聽取訓導，還是通過觀察別人對我們自己所認可或不認可的事物的態度。

(5)盡我們所知地忠於我們的道德責任，堅決抵制有違道德責任的各種誘惑，乃應成為我們最嚴肅關注的事情。

(6)一個不正義的行為比一個不慷慨的行為更壞。

(7)一個慷慨的行為比一個僅僅是符合正義的行為更高尚。

(8) 如果你認為一件事在相似的情況下發生在你的身上是不正義、不公平的，那麼你也不要對別人做這樣的事。

(9)如果自然在人的構造中顯現出某種意圖，那麼，我們就應當按照這種意圖去生活。(銳德自己舉的例子是：男女的出生比例，證明一夫一妻制是恰當的。)

銳德認為，有些道德公理是關於在不同的美德的應用之間發生衝突時，幫助我們決定應當遵從那一種美德的。美德本身之間並無衝突，但在它們的具體應用中，可能會產生衝突。例如，慷慨施惠、感恩報德與正義這三者均是美德。但是，感恩報德應當優先於慷慨施惠，而正義又當優先於報恩。假如我發了財，不去報答恩人卻去施惠，便是不妥；如果我去報恩卻不顧正義，幫助恩人購槍買砲、

殺人放火，也是不善。類似這種決定何者為先的原則，也是公理。這些公理是無法證明並無須證明的。它們是無法證明的，因為它們乃是第一原則，是出發點，是無法從別的原理中推論出來的。正如數學公理之無需證明一樣，它們也是無需證明的。因為它們也是被人們普遍認同的，也具有不可抗拒的說服力。對這種說服力的認可，也是作為能力的常識的判斷。

第三，道德常識還是一種行為能力。銳德認為，道德常識不僅僅告訴我們善與惡、責任與義務，並且還指導我們據此行動。所以它既是一種智力，也是一種行為的能力。前面講過，在各種促使人行動的動力或「原則」中，有「機械的」原則，如本能與習慣；有「動物性的」原則，如欲望與需求；有「理性的」原則，其中包括指導我們按照道德律行動的道德常識。由於「恰當的行為遠比正義的思想和精確的推論重要」，道德常識也比其他常識更重要。

二、對休謨倫理學的駁斥

對銳德倫理學的進一步闡述，可以圍繞他對休謨倫理學的批判展開。

(1)休謨認為，「應然」命題與「是然」命題是兩類截然不同的命題。所謂「是然」命題，是指有關事實的陳述，如「石頭是硬的」，「地球不是方的」，「張三刺殺了肯尼迪」，「李四偷了人家的錢包」等等。所謂「應然」命題，指的是包含有「應當如何」，「必須如何」的命題。按休謨的看法，它們不是事實陳述，而是人的道德情感的表達。如：「不應當說謊」，是我們對說謊的厭惡之情的表達。換言之，如果我們對助人為樂有厭惡之情，對說謊有贊賞之情，我們對

二者的好壞就有相反的結論了。所有道德命題，關於事物價值判斷的命題，均是「應然」命題，因而也就都是情感的表述。休謨還進一步指出，從是然命題中得不出應然命題。僅僅從某人沒說真話這個事實中，得不出「這個人不應說謊」。理性的任務是得出事實判斷，提供「是然」命題，情感的任務才是作出道德結論，表達對事實的好惡。判斷乃是理性的任務，是對真偽的鑑定，而在道德領域，不存在判斷。有的只是情感。休謨甚至認為，信念也屬於情感領域，屬於「贊同」。 理性只告訴我們什麼是真的，而相信不相信真的，則是情感的事。因而，「判斷真偽」與「相信真的」也不是一回事。

銳德同意休謨關於從是然命題中推不出應然命題的觀點。但他認為，說「這個行為是對的」與說「我贊賞這個行為」，並不是一回事。前者是關於行為本身的判斷，因而可以是對的或是錯的；後者則是關於說話者本身的情感表達，是不會錯的。應然命題不只是情感的表達。有些基本的應然命題是我們的常識，是通過直覺認識的；有些非基本的應然命題則是從那些基本的應然命題加上某些是然命題推論出來的。

銳德承認，確實人的舉動常常是下意識的、本能的。例如一個嬰兒的舉動就沒有判斷和決斷在內。在某些緊急情況下，我們也來不及作出判斷，而被迫憑本能或習慣去作出反應。擊鼓、彈琴者，也常常憑習慣，而不是憑有意識的決斷和判斷來演奏。有時，我們的舉動是有決斷的，卻沒有判斷。例如，人必須進食。吃什麼？吃多少？這類問題人們常常是讓自己的決斷基於食欲和口味、愛好，而不是基於判斷。這類活動，是介於行為和舉動二者之間的，因為它們是部分被動、部分主動的。有時，人們能保持頭腦的冷靜，仔細權衡得失，判斷什麼能給他帶來最大好處，或者如果他處在別人

的位置，他會希望自己做什麼，等等。這些都是判斷，而不是在「感覺」，不是在體驗自己的情緒或嗜好。當然，也許一個人在作出這些判斷之後，仍憑著自己的愛好去做決斷。有的人愛好自己的享樂，有的人愛好美德。而且，這二個人對各自的和對方的愛好可以有一致的判斷。但是，如果一個人只能憑自己的愛好去做決斷，那麼這個人就不能是道德主體！道德責任是超出個人愛好的。它是責任，是人必須服從的東西，而不是出於愛好才去服從的東西。一個無法明瞭自己的道德責任的人，一個只能憑情感、憑愛好去做決斷，而無法按照道德判斷，依據自己對道德責任的理解去做決斷的人，只是一個名義上的人，而不是真正的人。我們無法對他作出道德評價，或要他負道德上的責任。一個愛好私利的人，也會明瞭自己的道德責任，儘管他可能極不願意遵從這種道德責任。當一個小偷因撬室竊物而被捕判刑時，儘管他不一定思過悔改，但他完全知道自己做了壞事，罪有應罰。同樣，我們稱法官的責任是作出判決。法官的最後決斷是基於判斷，而不是基於感覺。

我們可以用理解和意願來概括所有影響人的自覺自願的行為的要素。意願這一方面包括愛好、激情、嗜欲，這是人與其他動物相似之處。這一類因素粗暴地把人推向一個方向。人可以抗拒它們，而使自己成為自主的主體。但這是要付出努力的。人們並不一定要使用判斷力去感覺到這類因素的影響。理解這一方面的因素，則以一種冷靜的領悟、判斷和推理的方式發生作用，影響人的行為。它是屬人的那一部分，這可以從語言的運用中看出，當一個人完全由前一類因素支配而作出某種舉動時，我們把責任歸於那些因素，而不歸於受這些因素支配的主體。但如果他具有理解能力，有抗拒意願的能力而不去抗拒它們時，我們則把責任歸於這個主體。理解力

告訴我們道德上的對與錯，並借助於意志作出道德的決斷。在作出道德的決斷時，理解力可以使我們完全超出意願的支配，而跟從至高無上的道德律令。運用理解力並不一定導致道德的行為；它只導致人應當負道德責任的行為。如果一個人用理解力去冷靜地設計一個罪惡的陰謀，抗拒自己情感上的同情、憐憫，最後成功地謀殺了一個無辜的兒童，這個人又完全有能力控制自己的行為，並具有明瞭自己道德責任的能力，那麼這個人就完全要為自己的罪行負責。而一個不具理解力、無法控制自己的人，如果身不由己地害死了一個無辜的兒童，我們對他只能是可憐（甚或恐懼），但不能怪罪。當然，任何一個健全的人都會不同程度地受意願的影響支配，有時不能自已，這是人性的弱點。人畢竟不是上帝。然而我們具有「應該」如何的道德常識，有理性的判斷，有在很大程度上控制自己的能力。當我們能成功地抗拒意願的誘惑而做出正確的事時，我們會有一種自豪和自慰感。但當我們可以抗拒而未能抗拒，做出有違道德責任的事時，我們就會感到內疚和自責❼。

由此可見，人之作為道德主體，絕非如休謨所講的那樣在於人有情感上的好惡並憑此去作出決斷，而在於人有道德感，有理性，由此而明瞭我們的道德責任。只有對於有道德感和理性的人我們才能作出道德上的褒貶。

(2)休謨認為道德責任根源於這類行為所能導致的利益。而這些利益又是我們的情感所嚮往的。按照休謨的觀點，我們的祖先原來並沒有道德責任的概念。但是，正如兩個人一起划小艇，你划你的，我划我的，常常導致小艇原地打轉，甚至會翻艇。人們發現，如果大家遵從一定的規則，對大家都有好處。由此才導致了人們的道德

❼　見《行為能力論集》，頁65–75。

責任感——大家都必須遵守一定的規則。

而銳德卻認為，道德責任與利益是完全不同的兩個概念。一個純粹為了利益而不違背道德責任的人只能被看成是理智的、審慎的，卻不能被看成是有美德的。道德上的榮譽和自愛與利益上的得失也是兩種很不相同的動機。一個利益上受損的人得到的是憐憫，而一個道德上沒責任心的人則受到鄙視與憎惡。而且在利益和道德二者之中，後者顯然更重要。一個人如果犧牲利益以成全責任，沒人會責備他；而反之，如果犧牲責任而去成全利益，就會受到譴責❽。

正義這個概念也是如此。雖然人類的共同利益是大家都喜歡的，但它卻常常並非正義行為的真正動機。如果是的話，那麼正義的人必然會少得可憐。如果除了人類共同利益之外別無其他阻止不正義行為的動機，可以說沒有人會保持正義。正義本身就是善，就是價值。不正義本身就是惡。如果說正義在於利益，那麼一個想毒死病人卻無意中治好了其頑疾的人就可以說是正義的，一塊從牆上掉下砸傷我腳的石頭就成了非正義的。這顯然是荒謬的。為怕進監獄而償還債務談不上正義，雖然「償還債務」是正義者應做的事。同樣，如果甲事實上欠乙千金，卻毫不知曉，反把千金贈與乙，甲的行為也不屬於「正義」，而屬於「慷慨」。美味的食物和悅耳的音樂均帶來利益，卻不被認為是道德上的善或正義。

銳德還指出，純粹以利益為指導的行為，可以前後不一致，也可以在公共場合與私下裡不一致。什麼可導致利益便怎麼做。但以道德責任為指導的行為，則必須一致。

以上這些事實，均說明道德與利益沒有本質上的聯繫。但是，這並不等於二者毫無關係。在銳德看來，如果一個人只追求利益而

❽　見《行為能力論集》，頁224。

不思責任，反而會無法得到最大的利益。因為他得不到人們的尊重，
也得不到自己良心上的安慰。把責任放在第一位，他決不會失去幸
福。因為這個世界是受一個全知全善的神靈的支配的。一切信神的
人，只要忠於自己的道德責任，均可以放心地把自己的幸福托付於
神的安排。一個無神論者，如果相信道德與利益是相衝突的，只能
陷入以下的二難境地中。他只能或是個無道德的無賴，或是個傻瓜。
反言之，一個信神的人在執行道德責任時不是傻瓜。因為他並不是
在無謂地犧牲自己的幸福❾。銳德的這個觀點是缺乏考慮的，它與
銳德關於道德責任與利益在本質上應當相區別的思想很難十分協
調。如果道德是一種無上的責任，是必須不以利益為轉移的，那麼，
銳德在用「傻瓜」一詞時，只能是相對於「審慎」的而言，這並不
妨礙這個「傻瓜」是道德上高尚的。我想這也是銳德的本意。但問
題是，銳德同時還認為道德與理解是不可分的。道德命題必須包含
判斷，而判斷只能在冷靜理智的情況下才能正確無誤。這樣，我們
就更難說這個有道德的無神論者只能是傻瓜。再次，德行是它本身
的報償。道德行為自身會使行為主體得到良心上的安慰與自豪。因
此很難說一個人只有信神才能解決利益與道德的衝突。孔子雖然不
信神，但他「飯疏食飲水，曲肱而枕之，樂亦在其中矣。不義而富
且貴，於我如浮雲」❿的境界就是證明。銳德自己也承認，判斷只
是道德認可與道德非難中的一部分。在道德的認可與非難中，總是
包含有某種情感在內，而不僅僅是對與錯的判斷。例如尊重與蔑視，
自豪與羞恥。這種情感的成分把道德上的責任與利益上的快樂和痛
苦聯繫起來，使我們在道德生活中得到最高的屬人的幸福，在罪惡

---

❾　見《行為能力論集》，頁257。

❿　《論語・述而篇第七》。

的行為中得到最深的自責的痛苦⓫。

(3)休謨認為，道德上善良的或正義的行為，必須基於善良的動機。正因如此，這種動機就不能是出於對道德善良的尊重。換句話說，善良行為不能出於「這是道德的，所以我應當這麼做」這樣的動機，因為這樣就會導致一個荒唐的結論——「這是道德的」這個動機本身使這行為成為道德的。善良的動機必須本身就是善良的，其善良性質必須不依賴於人對善良的尊重。否則，豈不是等於說一個人的主觀認識可以改變一個動機的客觀性質？一個行為或其動機的善惡，必須根據在判斷之前就已存在著的性質來判斷。如果一個行為或動機本身就是善的，行為者對它的判斷無法使之變成惡；如它是惡的，行為者的判斷也無法使之變成善⓬。

銳德對此也提出了截然相反的意見。他清楚地指出，唯有出於對道德的尊重，出於「這是道德的」這樣的動機或信念的行為，才可以得到道德上的贊揚。換言之，即便一個人做了一件非常慈善的行為，只要這個人不知道這是個善行，或雖然知道，但卻並不以此為動機，就不應得到道德上的贊揚。對於休謨所謂人的判斷無法改變行為或動機的性質這一論據，銳德的反駁是：有些事物的性質與人的判斷是相關的，如果一個人意在騙人，卻誤把真相當成謊話說了，對此人而言，此舉仍然是騙人之舉。如果休謨的理論可以成立，那麼我們就得說一個人可以無善心而有善舉，無惡意而有惡行，不知恩卻能報恩，無誠意而能吐誠言⓭。

銳德似乎意料到有人會提出：判斷一個行為與判斷一個行為者

⓫　《行為能力論集》，頁242。

⓬　見《人性論》，卷三，二章第一節。

⓭　見《行為能力論集》，頁393–394。

應當區分開來。善舉是指行為，善心是指行為者。行為本身無心無意。銳德並不反對這個區分。相反，他認為這個區分有利於把整個問題搞得更清楚。當我們通過一個行為去判斷其行為者為善時，我們是說：這個行為者運用了他的智力去判斷什麼是他應當做的，並據此而做出他的行為。而一個善的行為，在脫離了其行為者的情況下來講它為善，指的只能是這個行為是一個有能力做它、有機會做它、並且有可能認識到這是自己的道德責任者所應當做的事，別無其他。這種內在的「善」是不以人的認識為轉移的。當我們將為奴隸鬆綁稱為善舉時，我們的意思只能是指這是善人應做的。如果一隻老鼠咬斷了繩子為其鬆了綁，我們無法說老鼠此舉道德高尚。或者一個人為其鬆綁，只是為了進一步更殘酷地折磨他，我們也不能說此鬆綁之舉有任何善的性質。只有當一個人出於人道為其鬆綁，才是善舉。以上三例，其為鬆綁則一，而其道德性質各不相同。可見其道德性質不在行為本身之中，而是在行為者之動機之中。

當然，休謨也認為道德性質是在行為者的動機之中。這裡休謨與銳德的關鍵區別在於，休謨認為一個動機之為善，必須與對道德的尊重無關；而銳德則認為一個動機只有出於對道德的尊重才能是善的。這個區別非常微妙，但卻極重要。說其微妙乃是在表面上看，它們似乎沒什麼區別。比如說，休謨與銳德均會認為那個出於對上述奴隸的同情與人道為其鬆綁者的動機是善的，而那個為了更殘酷地折磨那個奴隸而為其鬆綁者的動機是惡的。但二人的理由卻有深刻的區別。對銳德來說，那個出於同情與人道為其鬆綁者，其動機之所以為善，乃是因為它是一種對自己道德責任的認識與認可，而不是因為要想滿足自己心裡的一種衝動。而對休謨，它之能為善，正在於它當中具有與「這是我的道德責任」相區別的動機。銳德舉

了一個很簡單的例子來駁斥休謨：任何一個具有健全常識的人都會認為，一個法官的判決中最值得稱道的地方就是那出於正義與良心的部分。銳德由此而進一步重申他的觀點：首先，沒有道德善惡概念者之行為或動機不可能有善惡的性質。其次，道德上值得稱道的善良不出於對自己利益的考慮，也不出於對於別人的善良的情感(affection)，而在於運用自己的能力去認識自己的責任，並據此行動。

三、蘇格蘭的康德與德意志的銳德

略知康德倫理思想的人一眼就可以看出，上述銳德的倫理學思想與康德有著許多驚人的相似之處。例如：(1)銳德和康德均認為只有具備自由意志，能對自己的思想、信念和行為作出自由選擇者，才能成為道德主體。用康德的話來說，即意志自由乃是倫理道德之為可能的必要前提。部分地基於這一原則，二人均認為動物不能成為道德主體——它們不能作自由選擇，無法進行理性思維，無法理解道德責任，而只會按照最強烈的欲望或傾向行動。(2)銳德和康德均認為，一個行為之善惡，應當從這一行為的動機中去判斷，而不是從行為造成的後果或功利中去判斷。一個出於惡意而做了一件客觀上與道德責任一致的事情的人仍然應當受到譴責而非褒揚。(3)二人均認為，道德責任與功利是兩回事。只有當一個行為是出於道德責任感，而非利益上的考慮或僅僅受情感的驅動時，才能適當地得到道德上的贊譽。出於功利的行為只可以說是聰明的，無法說是高尚的。(4)二人均認為，只有在執行道德責任的命令時，人才真正顯示出自己為人的本質。因為只有這時，人才顯示出自己是超出物理世界和動物世界的，有自主能力的，有好壞之分的，而非純受動物

性或機械性原則驅動的。(5) 二人都認為道德上的責任、對錯之分，應當是普遍的。所謂普遍的是指如果它對一個人在某一個情境下適用的話，那麼它對任何一個別的人（只要他也能作為道德主體——有自主能力，有基本的判斷力）在同樣的情境下也應當是適用的。這種普遍性就是所謂的道德金律（如「己所不欲，勿施於人」）的基礎。(6)二人均認為道德的基本原則不是後天地從經驗中學到的，它們是某種先天的東西。在銳德看來，它們是上帝或造物主所給予我們的第一原則，是我們人性所不得不接受的。在康德看來，它們是蘊含在理性之中，是任何一個理性的存在物都會首肯的。(7)二人還均認為，「應當」一詞蘊含了「能夠」。如果一個人根本無法辦到某種事情，我們就不能說他「應當」做這件事。此人應當得到的是同情，而不是譴責。

以上康德與銳德的倫理學思想的這麼多相似之處，幾乎涵蓋了康德倫理學一半以上的內容。當然，二者還是有相當重要的區別的。例如，康德強調人為自己立法。道德律令必須是人從理性出發，為自己所選擇，所制訂，並自願遵守的。這是道德律令不同於自然規律之處。銳德的思想中雖然也能邏輯地推出這一點來，並且在論述自由選擇對道德主體的重要性時，他也實際上表達了類似的思想，但他沒有從「立法」這個角度去講。他使用的「道德感」這一概念使人覺得道德上的判斷在銳德那裡更多地類似於對客觀性質的知覺，而非一種主體的決斷。但我覺得我們也不應誇大這裡的區別。銳德儘管認為「道德感」類似於知覺，但對於知覺到的東西的遵守與否仍是主體自身的決斷，而非任何外來因素所決定的。而在康德那裡，道德律令雖是主體的決斷，但也不是任意的。它們也還是客觀的。這種客觀性就在於它們是主體在自己的理性中「發現」的，

而非任意隨機地創造的。

　　這裡涉及到銳德與康德倫理思想的另一區別。即康德顯然比銳德更強調理性的作用。在銳德那裡，理性雖然是道德判斷中不可缺少的，但它的作用主要是推論。而推論的前提，即基本的「應然」命題，是通過道德感直接認識的。當然理性在銳德那裡還是有比情感、欲望等等更高的權威，更體現出為人的本質。在康德那裡，理性取代了「道德感」，而成為道德原則的唯一來源和最高權威。

　　康德倫理學中還包括一些銳德所未涉及的內容，如「人是目的」的命題等等。這裡我不準備對銳德和康德二個倫理學體系作出全面系統的比較。以上只是列舉一些主要的同異，一是進一步說明銳德本人的思想，二是便於讀者對銳德思想的歷史地位作出一個估價。從上述粗略的對比中，可以看出，至少在倫理學領域，銳德確是「蘇格蘭的康德」或者說康德是「德國的銳德」。他們二人既有驚人的相同之處，又各帶有其民族哲學思維的標記──蘇格蘭的注重「直覺」、「常識」和德意志的崇尚「理性」。

第七章　影響與評價

　　就思想內容而言，可以說銳德完全應當與洛克、貝克萊、休謨等偉大哲學家並列。其思想所產生的實際影響與那些哲學家相比略為遜色，但也相當深遠。

　　在銳德的同時代，他的哲學有過不少追隨者，一度出現了一個蘇格蘭常識學派。這個學派前後大約活躍了一百年。但後來，哲學家和哲學史家們就把它扔在了一邊，銳德所批判的休謨受到極大的重視。在休謨的影響下，經過羅素、維特根斯坦，英美經驗主義曾盛極一時，而銳德卻被打入冷宮，被認為是反對哲學思考、鼓吹街頭巷尾芸芸眾生之偏見者。他的著作不再印行，他的名字在哲學家的圈子裡都很少有人提及。有些不搞哲學史的哲學家連這個名字都沒聽到過。這種現象持續到本世紀六〇年代，才逐漸有所改變。以齊索姆、萊爾勒等人為代表的一批有識之士又重新發掘銳德的論著，組織人力研究，相繼出版發表了一批有關銳德的論文及著作，在英語世界中引起了一些波動。但相比於銳德哲學所應受到的重視，仍有相當距離。在中國大陸、臺灣，銳德的哲學還很少有人知道。不過，從另一角度看，可以說銳德的影響和他的思想本身一樣，也是一個有待發現的領域 —— 它並非不存在，並非無價值，只是人們沒有充分地意識到它的存在與價值。本章將通過歷史的追溯，揭示出

這種影響的脈絡及趨勢，並試圖對銳德的哲學所受到的有欠公允的
待遇的原因作一點歷史的分析。

一、銳德哲學在蘇格蘭的影響

　　人們對常識哲學的誤解，相當一部分責任當歸於銳德的追隨者
們的誤導。在銳德的《研究》發表兩年之後(1766)，其熱忱的追隨
者奧斯瓦德就推出了一本《以宗教的名義求助於常識》的書，對銳
德表示支持，但事實上此書以毫不謹慎的態度羅列了一大串「永恆
的第一原理」，使銳德的名聲大受損傷。四年之後，貝蒂的《真理
論》問世，宣揚常識哲學，其聲名一度蓋過銳德。由於奧斯瓦德與
貝蒂均以支持銳德的常識哲學為其旗號，於是便被人與銳德並提，
統稱之為「蘇格蘭常識學派」，而銳德遂被當成其領袖，並被認為
理所當然地應當為整個學派負責。而事實上，銳德的追隨者們在理
論的深度上根本無法與他相提並論。在銳德的著作中，我們看到的
是謹慎的探索，小心的論證。可以說他比許多其他哲學家都更清晰
與細緻，有時這種清晰與細緻甚至令讀者感到繁瑣。他時時都考慮
到不同意他的觀點的人會怎麼說，並對這種可能的駁難作出回答。
而且這些回答一般來說都不僅不勉強，反而能進一步加強其論點的
說服力。他似乎明白，正因為他所要維護的是常識，他更應當有嚴
謹的論證。但他的追隨者們卻給人一種「找到了方便之門」的感覺，
令人感到一種哲學脈搏的遲緩鬆懈。這種不幸地將銳德與他的追隨
者們混同的錯誤，甚至出現在哲學史家們的專著裡。如魯道夫‧麥
茨 Rudolf Metz 在《英國哲學的一百年》一書中就把銳德的追隨者
們所應承擔的責任全都歸到銳德頭上，指責他對回答休謨的挑戰不

但沒有幫助，反而把哲學引向了一個死角❶。然而即便如此，麥茨仍不得不承認銳德哲學產生了深遠的影響。

銳德哲學的影響首先當然是在蘇格蘭。部分地借助於奧斯瓦德和貝蒂的推廣，當時在蘇格蘭的大學中它形成了一個學術體系，被編進大學教程中教授了好幾十年。在銳德去世之前，蘇格蘭常識哲學的領導地位就轉到了銳德早期的學生斯圖爾特身上了。斯圖爾特在1785年到1810年這段時間裡占據了愛丁堡大學倫理哲學教授的席位。他雖然只當過銳德一個學期的學生，但他對銳德的哲學極為欣賞，而銳德則報之以把自己最主要的著作《智力論集》題獻給斯圖爾特的殊榮。斯圖爾特本人沒什麼新的創見，他主要是繼承了銳德的思想，以其出色的文才和演講才能及廣博的知識，闡述了銳德的思想，並駁斥了來自諸如普利斯特雷等人對常識哲學的攻擊和批評。銳德本人當時還在世，他對普利斯特雷拙劣的批評不屑一顧。普利斯特雷是個哲學素養不高的人，他絲毫不分辨銳德本人的思想和銳德那些並不高超的擁護者的思想。但是普利斯特雷的攻擊卻對銳德哲學的名聲起了極壞的影響。斯圖爾特分析了普利斯特雷等人對銳德哲學的駁難，指出它們都欠公允。例如有一個駁難指責銳德毫無理由地設定了心靈實體的存在，而無視於經驗主義和唯物主義的批判。對此，斯圖爾特指出，銳德對唯物主義者的拒斥並非因為他們否定心靈實體，而是因為他們毫無根據地把物質世界的模式搬到心靈現象上用。比如說試圖用解剖學的實驗觀察來證明心靈的不存在。顯然，這類觀察只適用於物理世界，而無法用來否認心靈的存在。又如，將物理學上的作用與反作用等模式去解釋心靈中的聯想、記憶、對比等等，也只會將心靈科學引向歧途。另一個駁難指

---

❶　見《英國哲學的一百年》，頁929。

責銳德引入了大量的「第一原則」，從而使心靈的科學比以前大大複雜化了。斯圖爾特指出，這一指責應當用在銳德的一些追隨者身上。雖然銳德本人在這方面不是絕對地毫無過失，但總的來說是瑕不掩瑜，況且略偏向那個方面對於亞里斯多德以來的傳統哲學把第一原則看得過分簡單恰是一副解毒藥。這種傳統試圖把複雜的現象總結歸納到極為簡單的原則上去，而銳德的哲學卻至少能使我們謹慎一些。至於所謂銳德抑制哲學探索精神之類的指責，斯圖爾特引用大量銳德著作中的例子，說明這類指責毫無根據。他寫道：「對於只讀書封皮的人來說，把哲學的結論引到常識無異於把飽學之士的判斷扔掉而去傾聽群盲的呼叫，或者是試圖用一些不同於迄今為止的邏輯學家們公認的理智的、人為的、無法定義的標準來禁止自由的論證。無論那些作家們對在這種理解之下的這個理論作出什麼反駁，我敢說，這些東西從未在銳德博士的著作中出現過。」❷

由於身體狀況的原因，斯圖爾特在愛丁堡大學的教席讓給了三十二歲年輕氣盛的托瑪斯・布朗。布朗的思想代表了老經驗主義聯想主義傾向和銳德哲學的直覺主義二者的綜合；它為從常識學派發展到以後穆勒父子 (James Mill, 1773–1836 和 John Stuart Mill) 及貝恩 (Alexander Bain, 1818–1903)、斯賓賽 (Herbert Spencer, 1820–1903)等人的心理學和新經驗主義提供了一個橋樑。

布朗對銳德的哲學大加批評，指責銳德犯了這樣、那樣的錯誤，例如布朗認為有兩種不同的觀念論，銳德只批評了其中的一種，另一種銳德不但沒注意到，連他自己也不自覺地接受和使用了，這後一種觀念論是正確的，也是銳德所批評的大多數人所實際持有的，它對我們對於外部世界的知識並不構成威脅。布朗所說的第一種觀

❷ 轉引自瓊斯《銳德常識哲學中的經驗主義和直覺主義》，頁72–73。

念論指的是把觀念當成外部事物的代表，並且是與知覺的行為相區別的東西，而第二種觀念論在把觀念當成是外部事物的代表的同時卻把它看成是與知覺行為相同一的。也就是說，「有一個觀念」就是知覺行為本身，並不是在知覺之外的獨立的對象。其實這種批評無非是把銳德的觀點加上一個「觀念論」的名稱，然後又去攻擊銳德自己也接受了觀念論。

當時，斯圖爾特還在世。眼看著自己年輕的繼承人激烈地攻擊自己的恩師，卻出於身體的原因無法去反駁。布朗早夭，四十二歲那年就死了。這以後，斯圖爾特曾一度身體好轉，才對布朗作了一些反駁。漢密爾頓 Sir William Hamilton (1788–1856) 以後也對布朗作了反駁，指出：「布朗從未成功地發現過銳德的那怕一個錯誤」。但是由於布朗是斯圖爾特的學生和繼承人，在這個特殊的地位上對銳德所作的批評容易令人受到影響。

漢密爾頓被認為是使常識學派在蘇格蘭再度復活，重占主導地位者。這種復活大致延續了三十年（從十九世紀三〇年代到六〇年代）。 漢密爾頓從1836年起到他去世為止，在愛丁堡大學任邏輯與形而上學教授。除了他自己的著作之外，他還編輯了銳德的著作，並在其中加了他自己的大量的注解和評論。直到二十世紀六〇年代，他所編的銳德的著作還是人們通常可以找到的唯一的版本。麥茨從他對德國哲學尤其是對康德極為崇拜的角度出發，認為漢密爾頓標誌著蘇格蘭常識哲學的頂峰。但它之所以是頂峰主要是因為漢密爾頓接觸了德國哲學，主要是康德哲學。而這也正標誌著蘇格蘭常識哲學已不再純潔了。「漢密爾頓對蘇格蘭理論的拓展與深化是以犧牲其純潔性為代價的。」❸照麥茨的說法，漢密爾頓在與銳德一樣拒斥

---

❸　麥茨《英國哲學的一百年》，頁34。

了觀念論之後，並不是與銳德一樣訴諸於常識，而是對人獲取知識的過程進行了康德式的批判性的分析。麥茨認為漢密爾頓最後看到天真的「直接知覺到外部世界」說無法成立，因而又倒向現象主義，認為我們所能知道的無非只是知覺或意識的內容；只是他不是簡單回到貝克萊和休謨，而是趨向了康德，雖然這種向康德的靠近亦是有限的。結果他的理論只是一種搖擺和游離於銳德與康德之間的自相矛盾——他既偏離了銳德，又對康德只是一知半解。同樣的事實，從同情銳德哲學的布洛蒂 B. A. Brody 的眼光來看，則導致了另一番評價❹。布洛蒂認為，漢密爾頓在試圖用他自己的（或德國式的）論證去澄清與捍衛銳德的常識哲學時，丟棄了銳德哲學中有價值的東西，為新的懷疑論敞開了大門。漢密爾頓對知識作了「代表性的」和「表現性的」區分。表現性的知識是指外部事物在知覺或知識中以某種形式表現 (present)，這種知識的對象很簡單。代表性的知識指的是其對象乃是代表著 (represent) 某種未知的事物，卻又與這種事物不同的東西。漢密爾頓似乎是在區分能直接為人知覺到的事物和必須從直接知覺出發去推論出來的事物。他認為銳德並不是泛泛地講外界事物是知覺的對象；銳德講的是外界事物乃是知覺或者知覺到的<u>直接</u>對象，外部事物以表現性的方式為我們的知覺行為所感知。由這個區分出發，漢密爾頓否認了銳德關於記憶的對象是過去的事物或事件的觀點。因為回憶作為一個心靈行為本身是「現在」的，而只有當它的對象也是現在的，這個行為才能是現在的。他也否定了銳德關於想像的對象是不存在的事物或事件的觀點，因為不存在的事物是無，而無不能成為對象來思維，因此必須有某種代表

❹ 見布洛蒂〈銳德及漢密爾頓論知覺〉，*Monist*: 55, 1971 年 7 月，頁 423–441。

性的存在。在漢密爾頓看來，回憶和想像均屬於「代表性的」，其對象均是觀念。於是能夠被「直接感知到」的就只剩下當下的知覺了。但在這裡，漢密爾頓也作了限制。他認為，人們所感知到的乃是事物表現或呈現於我們感官的現象，至於事物本身，我們無從知道。而這種現象，則限於像光線之類能連接事物與感官的存在上，否則中間就有一個空間距離，我們也就無法說「直接」感知了。這裡漢密爾頓已偏離了銳德的知覺論，把知覺過程看成兩個「物體」之間的相互作用關係了。在銳德那裡，心靈是非物質的。並且在銳德看來，哲學家們之所以在認識論上犯錯誤，走向懷疑論，一個重要原因乃是他們毫無根據地把物體之間的相互作用的模式搬到了認識論中來，而漢密爾頓則似乎又重新啟用了這一物理的模式。

　　在漢密爾頓之後，蘇格蘭學派就逐漸式微了。漢密爾頓有幾個繼承者，如曼塞爾 Henry L. Mansel (1820–1871)主要在神學上發揮了漢密爾頓的理論，麥考胥 James M'Cosh (1811–1894)把蘇格蘭哲學帶到了美洲(1868)，維確 John Veltch (1829–1894)試圖站在常識哲學立場上去抵抗黑格爾與康德的唯心論，等等。但總的說來整個學派在蘇格蘭迅速走向下坡路。黑格爾 G. W. F. Hegel (1770–1831) 主義在六〇年代中葉就在蘇格蘭牢牢地站住了腳。蘇格蘭哲學的橋頭堡——愛丁堡大學在九〇年代也失陷了，漢密爾頓和斯圖爾特二人所坐過的教席先後落入新康德主義者手中。

二、銳德哲學在歐洲大陸的影響

　　銳德的哲學在法國一度產生過相當的影響。巴黎大學的哲學教授魯瓦耶－科拉爾 Royer-Collard(1762–1845)是其積極的傳播者和

宣揚者。1811年，在他被任命為巴黎大學哲學教授那一年，他偶然
地在一個書市上發現一本銳德的《研究》，並深深為它所吸引。此
書給了他很大的影響。法國當時處於大革命之後的時期，有一種對
革命的過激行為的反彈，反映在哲學上，便是一種調和的傾向。在
政治上，魯瓦耶—科拉爾代表了絕對的和立憲的君主政體的調和；
在哲學上，他代表了左翼的感覺主義和右翼的權威的傳統主義的折
衷。在他眼裡，銳德的哲學正是這樣一種絕妙的折衷。他認為感覺
主義不能解釋判斷，因此判斷顯然是能動的心靈對於感覺材料作出
的加工。但同時由於每個人的心靈均是能動的，有能力作出判斷的，
因而不需要有超自然的權威來作出決斷，能作出決斷的是每個人具
有的常識──每個人均有判斷真假對錯的能力。通過魯瓦耶—科拉
爾，銳德哲學當時在法國成為主導哲學。

　　茹夫魯瓦 Theodore Jouffroy (1796–1842)不僅收集了魯瓦耶—
科拉爾的零星的論著，還將銳德的著作譯成了法文。他對常識哲學
從歷史角度作了論證。他指出，歷史上每個時期都會有一些哲學家
對一些哲學問題爭論不休。例如唯物主義和唯心主義之爭，斯多噶
學派與伊璧鳩魯派之爭，等等。一般的民眾在一邊看著、聽著，卻
從未接受過那些哲學家們的觀點，而是始終保持自己的觀點，也就
是常識。他們仍保持著自己對物質和精神，責任與幸福的信念，並
不因為那些哲學家們的爭論而時而倒向一方，時而倒向另一方，或
分裂為幾派。在哲學家中是流派紛呈，各執一說，可在一般民眾那
裡，意見卻是高度的一致。常識在別的哲學產生之前就已存在，是
在任何意識的基礎層上的獨立於任何科學研究的東西。它與哲學不
是對立的。任何哲學家在成為哲學家之前，均是常識的信奉者。而
在他們成為哲學家之後，不論他們的哲學體系是什麼，他們在日常

生活中仍然是常識的信奉者。哲學還處在它的嬰兒時期，當它成熟起來之後，回顧自己的歷史，終有一天會發現它迄今所有的大膽的探索均只是成功地證明了一些常識。那一天，哲學家們會發現不是人的智力發現了現實，而是現實本身在人的智力中顯示了自己。傑出的天才與一般的人相比，前者只是更明確地意識到常識的力量。到那一天，哲學會看到自己的目的地，並以接受這個目標來終結自己。

　　庫辛 Victor Cousin (1792–1867)也為銳德哲學在法國的傳播起了重要的作用。庫辛本人不是什麼大哲學家，但他編輯了許多哲學著作。如十一卷本的笛卡爾集，十三卷本的柏拉圖集，六卷本的普洛克魯斯 Proclus (410–485)集，並擔任過法國一系列重要的教育行政職務，直至教育部長，有權決定誰可以教哲學，應當教誰的哲學。庫辛通過他的老師魯瓦耶—科拉爾而受到銳德深刻的影響。他認為銳德哲學是哲學史上所有最優秀的內容的綜合：它結合了認識論上的經驗主義和宗教上的精神至上論。與其相比，與銳德同時的法國哲學家孔狄亞克 E. B. de Condillac (1715–1780)則把人的精神看成了單純被動的外在物力的犧牲品，把人們引向了無法給人以道德導向的無神論與唯物論。在這一點上，銳德的哲學確是和康德哲學一樣，具有一種調和的精神。起初，庫辛覺得銳德哲學中似乎還缺些什麼，還太謹小慎微。他曾一度想從德國哲學中找到更完善的，更有陽剛之氣的哲學。為此他攻讀了康德、謝林 F. W. J. von Schelling (1775–1854) 和黑格爾，但最後他還是回到了銳德，並承認自己早期對銳德哲學的深刻涵義理解不夠。

　　銳德對德國的影響不如其對法國的影響那麼明顯，但實際上卻相當廣泛而深刻。美國普渡大學的奎恩 Manfred Kuehn 寫了一本專

著《蘇格蘭的常識在德國，1768–1800》。他指出，由於德國啟蒙運動所面臨的問題和所欲達到的目標正是克服經驗論，達到經驗主義與唯理論的綜合，銳德的哲學自然地引起了德國哲學家很大的興趣。銳德和其他蘇格蘭常識哲學學派的著作出版之後，德國主要的哲學雜誌幾乎立即就有評論和介紹，很快這些著作就被譯成德文，並被廣泛地提及、摘引。一般情況下，銳德的名字總是和奧斯瓦德及貝蒂放在一起提及。一時間無論唯心論者還是唯物論者，理性主義者或經驗主義者，神祕主義者和自然主義者等等，都從銳德等人的常識哲學中汲取自己認為有價值的東西，從自己的角度去詮釋，用以論證自己的體系。如沃爾夫 C. F. von Wolff (1679–1754) 學派的門德爾松 Moses Mendelssohn (1729–1786) 就高度讚賞銳德和貝蒂，認為他們沒有被那些與常識相違背的繁瑣論證與玄思弄昏頭腦。唯物主義者洛西厄斯 Johann Christian Lossius 一再強調常識乃是人類可啟及的知識的試金石。批判的經驗主義哲學家，心理學家特滕斯 Johann Nicolaus Tetens (1736–1807) 認為思辨哲學必須對常識領域作探索，他還將自己的工作看成是銳德、奧斯瓦德及貝蒂的繼續❺。

　　前面，我們已多次提到康德對銳德及其所代表的蘇格蘭常識哲學的批評（主要見「常識」一章結尾處）。 雖然康德對銳德持極為對立的態度，但這態度本身也說明康德把常識哲學當作一種有影響的理論看待，否則他沒有理由作出如此強烈的反應。甚至有理由認為常識哲學之所以引起他的強烈反應，正因為它與康德本人的理論相似卻又有不同。按康德自己的說法，常識哲學在論證因果概念時，強調的是它的「不可或缺性」，即人類的判斷、知識，不可以沒有因

---

❺　見奎恩《蘇格蘭的常識在德國，1768–1800》，頁7。

果概念，而休謨自己從未否定過這一點，問題是在於這個概念的起源——它是經驗的還是先驗的。從行文中可以看出他實際上是針對奧斯瓦德的《以宗教的名義求助於常識》一書的一段文字而說的❻。從銳德的論述中我們可以看到，銳德並沒有完全依賴於「不可或缺性」。他從不可或缺性中還進一步得出了因果概念是人的本性的一部分，是與生俱來的這一結論❼。奎恩指出，連奧斯瓦德也並非如康德所說的不懂休謨的問題之所在。康德在另一個地方指出，這裡還有一個對先驗範疇的論證問題。也許他會說蘇格蘭常識派人士們只揭示了因果觀念是人的本性的一部分，沒有論證其合理性和真理性，他自己則通過他的先驗方法，做到了這一點。但很難說銳德所做的工作在實質上與康德有如此的層次上的區別。康德所謂的證明只是從「科學知識如何可能」、「道德判斷如何可能」的角度去進行的。銳德也同樣論證了這一概念的合理性和真理性，只是他的側重點更多的是從常識信念本身所帶有的清晰性、穩定性，它們所具有的不可抗拒的說服力，以及從日常語言的用法、涵義上去論證。（也許唯一的重大區別在於康德強調了這些概念不能在經驗之外的領域上運用。）

康德哲學與銳德哲學的驚人的相似之處，加上他的哲學晚於銳德，自然地使人聯想到康德是否受到了銳德的影響，甚至康德是否抄襲了銳德的思想的問題。斯圖爾特、布倫坦諾 Franz C. Brentano (1838–1917) 等人均認為康德和銳德的區別是微不足道的。美國哲學家皮爾士 C. S. Peirce (1839–1914) 也提及過康德與銳德之間的驚人相似❽。康德本人也實際上多次提到哲學無法超越常識，常識與

❻　見奎恩《蘇格蘭的常識在德國，1768–1800》頁184的分析。

❼　見本書《因果》一章。

批判哲學的一致是批判哲學的結論之正確性的最好的證明❾。只是康德認為常識不是哲學研究的工具和標準，它是哲學研究的對象。常識不能是哲學的終點，而是哲學研究的出發點。但康德始終沒法把這個區別講得很清楚，因為如他自己所說他的「理性」，作為哲學的工具和標準本身，無法超越常識。常識哲學家們完全可以問他：離開了常識原理，批判哲學本身如何可能？

由於這種相似性，我們對於康德在《導言》一書中對常識哲學所作的批評大致只能解釋為二種可能：一種比較通常的理解是康德實際上對常識哲學無知，而他與常識哲學在內容上的一致性是歷史的巧合。另一種解釋是，他實際上對常識哲學是了解的，並且自己也為這種相似性而煩惱，想試圖劃清一個界限，卻又難以做到。他之所以不能坦然地承認這種相似性，從而給與常識哲學以公正的評價，正是因為他怕這種相似性會使他的哲學顯得無新意——奎恩指出，當時康德及其追隨者似確有此慮❿！如果這後一種可能是正確的，那麼應當說銳德哲學對康德是有影響的，雖然我們不應輕率地認為康德抄襲了銳德⓫。

銳德及其所代表的蘇格蘭常識哲學不只影響了德國的啟蒙運動，也不只是可能影響了康德，它對啟蒙運動的反對派也有影響。如信仰主義者哈曼 J. G. Hamann (1730–1788)、赫爾德 J. G. Herder

---

❽　見《皮爾士文集》，卷五，頁39–53，卷六，頁73。

❾　見《純粹理性批判》Bxxxiv, A831=B859，A830=B858。

❿　見奎恩《蘇格蘭的常識在德國，1768–1800》，頁192–193。

⓫　根據奎恩，還有一種可能的原因是他的《純粹理性批判》受到過當時哥廷根的某哲學家的激烈批評，而哥廷根學派對蘇格蘭常識哲學非常推崇，於是他可能藉抨擊蘇格蘭常識哲學以報一箭之仇。見奎恩《蘇格蘭的常識在德國，1768–1800》，頁192。

(1744–1803)、雅科比 F. H. Jacobi (1743–1819) 等人也從銳德那裡
找到了他們所需的東西。最值得一提的是，叔本華對銳德有極高的
評價。前面在「知覺論」一章結尾處，我們已提到過他對銳德關於
抽象概念的論述的讚賞，除此之外，他還曾經有過如此驚人之語：
銳德的《研究》一書「非常有指導意義，非常值得一讀——十倍於
康德以後所有的哲學著作加在一起」❷。此言或許是誇大其詞，但
這一誇大本身說明了銳德在叔本華心目中的地位。

在歐洲大陸其他國家，也可以看到銳德哲學留下的蹤跡。如意
大利天主教哲學家羅斯米尼－塞爾巴蒂 Antonio Rosmini-Serbati
(1797–1854) 在他的主要著作《關於觀念起源問題的新知灼見》
(*Saggio Sulli Origini delle Idee*) 中對銳德的觀點作了評述。在比利
時，盧汶大學的本體論學派利用銳德關於觀念論的批判而建立了一
種對上帝的知識的學說。

三、銳德哲學在英格蘭的影響

英格蘭雖與蘇格蘭比鄰，同屬英國，但在哲學精神上，似乎更
傾向於經驗論、懷疑論，而蘇格蘭則更傾向於常識、直覺和本能。
休謨雖是蘇格蘭人，嚴格說來，其哲學中經驗主義和懷疑論的部分
只是洛克和貝克萊哲學的邏輯延伸，而其哲學中有關人的自然本性、
心理的聯想原則等等內容，才是典型的蘇格蘭土產。銳德的常識哲
學在蘇格蘭一下子形成一個學派，並在各大學中占據主流地位，在
英格蘭卻沒有引起同樣的效應。貝蒂的《真理論》曾在英格蘭引起
了一陣噪動，但當時也沒什麼出名的追隨者。但它確使英格蘭的經

❷　《作為意志和表象的世界》德文版，卷二，頁28。

驗主義冷落、蕭條了一陣。這以後，新一代的經驗主義哲學家，如
邊沁 Jeremy Bentham (1748–1832)和穆勒父子、斯賓塞等，向蘇格
蘭常識學派發起了反擊。如麥茨所說，在思辨理論方面，英國經驗
主義在洛克、貝克萊到休謨這一過程中已達到頂峰和深度上的邏輯
終極點。這方面它的十九世紀的後繼者已無法有新的建樹，他們所
做的是進一步區分和澄清問題，改進研究方法，拓展經驗素材和開
墾新的研究領域。他們不對經驗主義本身作出探討，而是用經驗主
義去探討一切。它涉足極廣卻不深刻❸。當然這並不完全是缺憾，
它實際上是把經驗主義引向廣度上的邏輯終極點。邊沁和 J. S.穆勒
創立了動利主義倫理學，把經驗主義更徹底地貫徹到倫理學中，斯
賓塞和赫胥黎 Herry Huxley (1825–1895) 等人的進化論哲學又將
經驗論運用到生物學，人類起源及至社會進化等方面，引起了極大
的轟動和廣泛的國際影響，經驗論一時顯得光彩奪目，引人入勝。
當然，英國的哲學家們並沒有忘了銳德及其蘇格蘭常識學派對經驗
主義從根基上所作的批判，他們同時也意識到來自德國康德哲學方
面的威脅。但他們所做的，基本上仍只是重申經驗主義的一些基本
觀點，並試圖將其整理得更加體系化。這樣的根基當然最終抵擋不
住別的哲學體系的入侵。來自德國的唯心主義於十九世紀下半葉在
英國盛行。在這期間，也有個別哲學家仍從銳德那裡汲取常識哲學
的精神，如亨利・西奇威克 Henry Sidgwick (1838–1900)❹。但真
正稱得上重舉常識哲學的大旗並形成氣候的，當數穆爾。

　　穆爾於1903年發表的〈拒斥唯心主義〉一文，成為英國新實在
論哲學誕生的標誌。這位以為常識辯護著稱的哲學家一再地提到銳

❸　《英國哲學一百年》，頁50–51。

❹　參見西奇威克〈常識哲學〉一文。

德，其哲學中處處顯示出銳德哲學的觀點及方法。首先，二人均認為我們直接感知到外部事物的存在。銳德講過，「我們相信它們（外界事物）存在的理由，就像哲學家們（指貝克萊、休謨等）相信觀念存在的理由一樣。他們認為觀念是知覺的直接對象，而我們認為外界事物是知覺的直接對象。」❺穆爾在他的〈拒斥唯心主義〉一文中也說:「我對空間裡的物體的意識和對我自己感覺的意識一樣直接，而且我在這二種意識中意識到的內容也是一樣的。——在前者是空間中的物體的存在，在後者是我的感覺的存在。」「外物存在的證據和我們的感覺存在的證據完全一樣，有什麼理由說外物不存在?」區別在於銳德清楚地否定了觀念這一中介，而穆爾卻仍認為有感覺材料 (sense data)作為外物的代表，因而他難以使自己的「直接感知論」成立。後來，穆爾不得不改變自己的觀點，認為直接感知到的不是外物，而只是自己的感覺材料。

其次，二人均認為懷疑論者自相矛盾。銳德說過，「如果你能夠指出一個人所責難的第一原則與他所接受的其他原則的基點別無二致，那將是一個非常有力的駁倒他的論證」❻。穆爾響應道:「我是那些認為常識的宇宙觀在某種根本性質上是完全正確的哲學家之一。但請務須記住，在我看來，所有哲學家都無一例外地同意我的觀點。真正的區別在於有些哲學家同時又持與常識的宇宙觀的基本性質相悖的觀點，而另一些則不然。」❼

第三，二人在論證的方法上也有異曲同工之妙。銳德認為「許多第一原則的另一個特點就是它們迫使我們接受特殊例子的力量超

---

❺ 《智力論集》第六章第五節。

❻ 《智力論集》第六章第四節。

❼ 穆爾《哲學論文集》，頁44。

過它們迫使我們接受普遍命題的力量」。而穆爾最喜歡用的方法，就是用特殊例子（如「這是一隻手」）來證明普遍的原則（如「外界事物存在」）。前面在「常識」一章中，我們已提到過穆爾在〈四種形式的懷疑論〉一文中的論證，並與銳德有關常識與推論的觀點作了比較。除此之外，穆爾有一個出名的駁斥懷疑論的推論方法，也可以從銳德那兒找到原型。這個推論是針對懷疑論者的下述推論的：

懷疑論者：如果我知道有外物存在，我必須能夠知道自己的知覺沒有欺騙我（比如說我不是在做夢）；但我無法知道自己的知覺是否在欺騙我；所以我並不真正知道有無外界事物存在。穆爾的推論是把上述三段論中的結論和小前提倒過來，而保留大前提不動：如果我知道有外物存在，我必須能夠知道自己的知覺沒有欺騙我；我知道有外界事物存在，所以我知道我的知覺沒有欺騙我⓲。從邏輯的推論上看來，這兩個三段論都是成立的，都沒有邏輯上的錯誤。因而區別是在於前提。而兩者的大前提是一樣的，所以關鍵就要看兩個小前提那一個更有說服力。如果懷疑論者無法證明自己的那個小前提比穆爾的小前提更令人信服，那麼他的結論也就不比常識更可信。在穆爾看來，「我知道我的手存在」，顯然要比「我無法知道我的知覺是否在欺騙我」之類的假設更可信。這裡穆爾用的方法與他在〈四種形式的懷疑論〉中相似，也是比較確然性的方法，即不只是講對與錯，而是講何者更為可信。同時，這個方法也已不只局限在認識論上來討論，而是同時訴諸於心理學上的事實。這似乎是銳德以下論述的一個更清楚的表達：

「所有的人都堅信外界事物的存在。這種信念在面對最有力的否證時都不會動搖。這是一個事實。……這些事實是人的本性的表

⓲　參見穆爾《哲學論文集》，頁226。

現。由此，我們可以正當地駁斥任何假設，無論這個假設受到多少人的擁護。以假設來對抗事實，是與真正的哲學的規則相悖的」⑲。

穆爾還與銳德一樣，認為我們可以知道某個事實（如「我不是在做夢」）卻不必同時知道我們是怎麼知道這個事實的⑳。也不必要能對這個信念提出證明，或能對它作出哲學的分析。

第四，穆爾與銳德還有一個更具深刻意義的一致點，即他們都認為哲學難題的根源在於哲學家們對語言的誤用或濫用，因而這些難題之解也就在於訴諸於澄清語言，回歸到日常語言的正常使用上去。銳德曾指出：「在我看來，整個形而上學的體系或其絕大部分都可以由它（日常語言）導出；除了對心靈運作的精確反思之外，我不知道還有什麼能比研究語言的結構更能使我們豁然明悟」㉑。銳德自己，如我們前面已經看到的，一再用語言分析的方法去澄清哲學問題。他對觀念論的批評就是從「觀念」一詞的涵義上入手，指出哲學家們所說的「觀念」並非日常語言中的「觀念」，而是一種虛構。並指出這種虛構是對日常語言的褻瀆，如用以取代日常語言中的詞語的話，就會造成許多不良後果。他對感覺與知覺的區分也部分地建立在語言分析上。銳德對休謨關於理性與情感，是然與應然命題的關係的分析，也同樣用了語言分析法，並最終指出休謨的觀點乃是基於對世界上一切語言的背離。穆爾也用了同樣的方法。他在〈為常識辯護〉一文中指出，貝克萊聲稱他所說的「物體」是「真正的物體」，是與常識一致的，但他所賦與「真正的物體」一詞的涵義卻與日常語言大相逕庭，因而他所說的「符合常識」是基於

⑲　《研究》第五章第八節。

⑳　穆爾《哲學論文集》，頁43–44，《托馬斯・銳德論著集》，頁107。

㉑　《托馬斯・銳德論著集》，頁78。

對概念的偷換。漢寧・兼森 Henning Jensen 在他的〈銳德與維特根斯坦論哲學與語言〉一文中指出，這一點之所以更具深意，在於由此我們可以合理地推論，銳德間接地對後期維特根斯坦 Ludwig L. Wittgenstein (1889–1951)產生了影響。雖然維特根斯坦從未提到過銳德，但他與穆爾卻是長時間的密友，受到穆爾的很大影響，而穆爾受到過銳德明顯的影響。

作為二十世紀最偉大的哲學家之一，維特根斯坦前期和後期提出二種極為不同的哲學理論。前者是一種邏輯和理想語言的哲學，試圖通過把日常語言改造為理想語言來澄清許多哲學問題。後期他轉向日常語言，認為日常語言實際上是一個極具深意的系統。他後期的最主要觀點恰恰就是上述穆爾和銳德的觀點。值得注意的是，銳德除了一再指責哲學家們誤用或濫用語言，製造混亂和難題，他甚至還指出哲學家們忽略了語言在除敘述之外的其他各種功能，例如提問、發令、許諾、立約等等㉒。這些觀點與後期維特根斯坦的思想有驚人的相似之處。維特根斯坦更系統地、集中地強調了哲學難題的根源在於誤用日常語言；提出哲學難題唯一的解決方式就在於描述語言的實際用法。銳德雖然注意到了語言的社會性及除了敘述外的其他功能，但總體上還屬於認為語言的意義在於其指稱的理論傳統，並且認為語言是一種精神世界的東西。維特根斯坦則突破了這個框框，指出意義取決於使用，取決於社會交往，是一種由使用規則決定的行為，並指出不存在「私人語言」這種東西，也就是說語言不是精神世界的東西。

有理由相信與穆爾同時代的另一位哲學大師羅素 Bertrand

㉒　見銳德《亞里士多德邏輯學簡述及評論》第二章第五節，《托馬斯・銳德論著集》，頁692。

Russell（1872–1970）也受到過銳德的巨大影響。賓布洛森 Ronald Beanblossom 著文指出❷❸羅素（與穆爾一起）從布拉德雷 F. H. Bradley（1846–1924, 英國新黑格爾主義的主要代表之一）和黑格爾的唯心論影響下擺脫出來，而取一種更近常識的哲學，一方面是受了他們的導師西奇威克的影響，另一方面是受了穆爾的影響（當然羅素的常識哲學與穆爾和銳德的均不同，穆爾和銳德認為經驗性的常識也可以是確然無疑的。但羅素對此更謹慎一些，他只願意講到這一步——如果經驗告訴我們這事過去一直是這樣的，那麼下一次它也是這樣的可能性就越大，甚至可以近乎確然）。 因而我們至少可以說羅素間接地受惠於銳德。以羅素的《哲學問題》一書為依據，可以看到羅素和銳德均承認我們無法用理性去證明外部世界的存在。感覺的存在與外物的存在沒有邏輯的必然聯繫。人們對外物存在的信念不是從理性證明而來的，它是一種直覺的信念。但是二人都認為直覺的信念是自明的。雖然它們邏輯上來說不是必真的，但其錯的可能性隨著它們互相之間的一致性，它們廣為接受的普遍性的延伸而大大降低。銳德和羅素都曾用「歸納原理」作為這種自明的直覺信念的例子，他們還用了同樣的理由來說明必須有第一原則——因為不然的話，就會有無窮倒退。總要有一些原則是不依賴於其他原則的。羅素因而區分了直覺的知識與推論出來的知識。與銳德一樣，羅素還認為如果我們對過去的事件不能有直接的知識，就不可能有記憶，記憶不在於一種心理上的圖像，因為顯然作為一個圖像，它本身是現在的，而不是過去的。賓布洛森還注意到，銳德和羅素不但都認為現象與現實有別，羅素在區分現象與實在本身時還使用了銳德用過的例子——光線和畫家的例子——一樣東西在不

---

❷❸　〈羅素之受惠於銳德〉, *Monist*：61, 1978年, 頁192–204。

同的光線下呈現不同的顏色或色調；一般的人可以不注意這些，但畫家卻必須學會觀察同一實在的不同現象。

實布洛森還指出，即使是在羅素後期摒棄了常識的實在論，發展出了自己的邏輯原子主義之後，他還繼續顯示出銳德的影響。在某些問題上，他還使用銳德的例子，表達與銳德一致的論點。由於這些是體現在一些不那麼核心的哲學問題上，這裡不再細述。

四、銳德哲學在美國的影響

早在十八世紀末，銳德哲學就已由曾任新澤西學院（即普林斯頓大學之前身）校長的約翰．威德斯布恩 John Witherspoon (1723–1794)和另一位新澤西學院的主要行政領導塞繆爾．斯坦荷普．史密斯 Samuel Stanhope Smith (1750–1819) 介紹到了美國。可以毫不誇張地說，銳德的常識哲學是美國哲學史第一幕中的主角。從十九世紀初開始的五十年左右的時間裡，銳德及其主要繼承者斯圖爾特的著作被作為美國大學裡主要的哲學教材。美國當時的幾代學者，都是在銳德常識哲學的薰陶下成長起來的。「陪審官們、作家們、科學家們都在這個被廣泛地認作為唯一清醒的、實際的、值得美國人學習的哲學中浸泡過。」[24]這個事實，也許在相當程度上與美國第三任總統托馬斯．杰弗遜 Thomas Jefferson (1743–1826)有關。杰弗遜與斯圖爾特相識，並通過斯圖爾特的介紹而接受了銳德的常識哲學。杰弗遜1809年從總統位置上退下來之後，致力於創辦弗吉尼亞大學。他認為銳德哲學正可以作為美國大學中民主人文教育的基礎。為此他還通過斯圖爾特從歐洲招聘大學教授。當時在美

---

[24]　陶德《托馬斯．銳德的哲學演講集》一書的序言，頁2。

國唯一能與銳德常識哲學抗衡的，是新英格蘭地區的超驗唯心論。1868年蘇格蘭哲學家詹姆士・麥考胥來到美國出任新澤西學院校長(1868–1888)。麥考胥是繼漢密爾頓之後的幾個蘇格蘭常識學派繼承人之一，在格拉斯哥大學和愛丁堡大學受的教育，並曾經在北愛爾蘭貝爾法斯特的皇后學院當過邏輯學和形而上學教授。麥考胥的到來，使銳德哲學在美國的影響又擴大了一層。另外，耶魯大學的校長諾瓦・波特 Noah Porter (1811–1892) 也是銳德哲學的熱心支持者。

　　當然，一種哲學要為一個民族所接受，需要具備各方面的條件。除了這種哲學本身的說服力，理論深度，它還要和這個民族本身的經驗產生共鳴。另外，這種哲學本身所賴以產生的理論上的背景也必須相應地具備。從民族的經驗上來說，美國人似乎一向比較注重實際，注重應用。十九世紀末產生的實用主義似乎正是這種經驗的昇華。這種精神自然地較易於與銳德的常識哲學產生共鳴。但要真正理解銳德哲學的深度，而不只是把它當成簡單的常識的概括，則需要美國哲學界本身經歷一番與休謨懷疑論的掙扎格鬥才能做到。本世紀以來美國哲學發展的歷程，似乎正是這樣一個過程。

　　美國研究銳德的專家萊爾勒和賓布洛森追溯了美國本世紀來實在論的發展線索，發現它實際上貫穿著對銳德哲學的認識的深化。他們將這一發展大致分為三個階段：第一階段為「新實在論」階段，代表人物為霍爾特 E. B. Holt (1873–1946)，馬文 W. T. Marvin (1872–1944)，蒙太古 W. P. Montague (1873–1953)，佩里 R. B. Perry (1876–1957)，及斯波爾丁 E. G. Spaulding (1873–1940) 等。第二階段為「批判的實在論」，代表人物為德雷克 Durant Drake (1876–1933)，普拉特 J. B. Pratt (1875–1944)，羅杰思 A. K. Rogers

(1868–?)，桑塔亞那 George Santayana (1863–1952)，塞拉斯 Roywood Sellars (1880–1973)，思特朗 C. A. Strong (1862–1940)及 洛夫喬伊 A. O. Lovejoy (1873–1962)。第三階段從杜卡奇 C. J. Ducasse (1881–1969) 開始到齊索姆完成。

新實在論的主要依據是銳德的「直接知覺論」。依據這一觀點，外界對象是被知覺所直接感知到的，沒有什麼觀念或印象作為中介，也沒有任何推論過程。但這一派不能很好地解釋錯覺、幻覺等等。「批判的實在論」拋棄了「直接知覺論」，強調被新實在論所忽視的銳德的「提示論」，即我們的知覺向我們提示意外界事物的存在。這派人物認為我們感知到的是事物的現象，而現象是對主體而言的，是受主體狀態制約的。威士忌在酒瓶裡自己不會醉，只有在飲者的體內才出現醉的現象。現象能給我們外界事物的信息(message)，知覺就是接受信息。然而信息有時也會錯，怎見得我們有理由相信其為真？桑塔亞那說，我們對於外界事物的信念只是一種動物性的信念，即是出於我們的自然本性而不得不信以為真的。至於它究竟是否為真，我們無從確證。這樣，實在論就又轉向了懷疑論、不可知論，休謨又在那裡隱隱約約，呼之欲出了。

這以後，史戴斯 W. T. Stace (1886–1967)和路易斯 C. I. Lewis (1883–1960) 曾試圖重新證明對於知覺的可靠性可以有堂堂正正的保證，但並不成功。在萊爾勒與賓布洛森看來，這種證明直到從杜卡奇開始到齊索姆完成的第三階段的實在論把上述銳德的兩個前提，即「直接知覺論」和「提示論」融為一體，才獲得了成功。杜卡奇一方面指出沒有必要去區分知覺行為和被知覺到的對象。與其說「我有一個對於藍顏色的知覺」，不如說「我藍藍地知覺」——這裡藍是知覺的方式，正如「華爾茲」是一種舞蹈的方式一樣。另

一方面，他又指出，儘管知覺行為的方式不是知覺的對象，但知覺行為的方式卻是外部世界的信息，它向我們提示外部世界的存在及其性質。也就是說，一方面，他反對把知覺的方式看成知覺的直接對象，從而摒除了這層知覺者與外物之間的屏障，另一方面，他又認為知覺的方式向我們提示我們直接感知到了外物的存在及其性質，從而建立了知覺與外物的直接的卻又是「提示」的關係。齊索姆支持杜卡奇的理論，並進而從銳德那裡引入了另一個觀點，即由知覺而來的信念不只是信念，它也是證據——它們本身就是自明的，不能有，也不需要有論證。說它是自明的並不等於說它是必真的。有的信念雖然是可錯的，卻仍然是自己的證據。對於這一點，實際上美國當代哲學家普蘭亭格在其 1993 年出版的認識論著作《保證與恰當的功能》一書中講得更加透徹。普蘭亭格明確地指出，按照銳德的觀點，一個信念本身的清晰性和穩定性就是這個信念的保證或可信性的依據。而且普蘭亭格基於自己對美國近二十年來認識論研究的總結，一再地對銳德的理論作出明確的肯定。他不僅經常地引用銳德的話，而且每當引用銳德時，總是以這樣的口氣——「在這個問題上，銳德又是正確的……」。普蘭亭格似乎是以自己的研究成果進一步證明萊爾勒在總結美國實在論發展史時作出的結論「其他的各種實在論都站不住，最終它們都不可避免地要走到銳德的實在論那兒去」❷❺。

　　但是萊爾勒和賓布洛森沒有看到銳德哲學在美國的影響並非只限於實在論。與羅素同時代的美國實用主義哲學家皮爾士就曾坦

---

❷❺　萊爾勒〈銳德對當代美國和英國哲學的影響〉，見巴柯及彪祥樸《托馬斯・銳德：批判的詮釋》，頁4。又見賓布洛森為他和萊爾勒合編的銳德《研究與論集》一書所寫的導言。

率地承認自己「在常識這方面堅持了那位深刻而又有良好平衡的思想家托馬斯・銳德的觀點，雖然無可避免地作了一定的調整」❷。他稱自己的實用主義為「批判的常識主義」。作為常識主義的一種，批判的常識主義與經典的蘇格蘭常識主義有相似之處。最主要的，在於它也承認有雖非邏輯必真，卻又毋容置疑的命題。這些命題是我們一切推論的最初出發點或前提；如知覺判斷就屬於這種最初的前提❷。皮爾士區分了真正的懷疑與廣義上的懷疑。真正的懷疑是無法自己有意地去引發的，正像自己無法給自己一個意外一樣❷。笛卡爾就從未在真正的意義上懷疑過自己及周圍世界的存在。當然，毋容置疑不是說廣義上不能去懷疑，而是說沒法去真正地懷疑。它也不只是說不去懷疑，而且是說它是不可（在真正的意義上）懷疑的。比如說我對於歷史上曾有銳德這個人存在不懷疑，但並非不可懷疑。毋容置疑指的是我們為自己的生理和社會條件限制而沒法去懷疑。

但皮爾士的常識主義又具有與銳德的常識哲學不同的特點。首先，它認為不僅有毋容置疑的命題，而且也有毋容置疑的推論（邏輯）。通過這一步，皮爾士把可靠性從靜止的思維（命題）的領域擴展到了運動著的思維（邏輯）的領域。其次，蘇格蘭常識哲學家們認為，基本命題永恆不變，但批判的常識主義卻認為它們和邏輯均可以變。雖然從一代人到另一代人這種變化往往很小，卻並非不可察覺到的。第三，蘇格蘭常識哲學家們認為基本信念是由我們直覺的本性決定的，但批判的常識主義認識到它們和邏輯原則都只是

❷　見《皮爾士文集》，卷五，第444段。

❷　見《皮爾士文集》，卷五，第515, 116, 55, 157段。

❷　見《皮爾士文集》，卷五，第443段。

相對於人的基本生活方式來說才是毋容置疑的。例如，「電子只能在三維空間裡運動」， 就只是在目前給定的自然科學和觀察能力條件下才顯得毋容置疑，「自殺是謀殺」就只是相對於基督教社會才顯得那麼無可非議。第四，批判的常識主義強調基本原理必然是模糊的。所謂模糊，即它可以允許多種不同的運用、解釋。第五，批判的常識主義者對於懷疑抱著崇高的敬意。他承認現在被證明為錯的許多東西在過去曾被認為是鐵打的真理。第六，批判的常識主義者批判批判的方法本身！ 他認識到，人並非能從心所欲地去懷疑一切的。信念是一種強烈的習慣。任何一個命題，如果你想懷疑它就能懷疑，那說明你並不真正相信這個命題為真。對於真正的信念，只有當某些新的意外的事打破你的習慣時才能懷疑❷。

　　銳德常識哲學的深遠影響甚至還體現在當代美國所謂「後哲學文化」的代表，理查德・羅蒂 Richard M. Rosty (1931–) 的思想中，儘管後者與銳德的傳統符合論真理觀和實在論已有很大的距離。所謂「後哲學文化」，即把傳統哲學與啟蒙運動之前的神學相比，認為哲學當年取代神學而成為凌駕於各學科之上的法官，創造了一個後神學文化。現在它自己也已到了免冠為民，成為各學科之一，而不是為王為霸的時代。這一年代到來的標誌之一，就在於一批後哲學文化的先驅們已逐漸認識到，不存在傳統哲學一直想溝通的現象與本質、表象與實在的二元對立。從柏拉圖、笛卡爾以來一直作為人類知識的基礎的認識論，本身就站在一個主客對立、表象與實在對立的假定之上❸。羅蒂對此的中心論證之一，便是對「觀念」這一概念的抨擊。他在其代表作《哲學與自然之鏡》一書中指出，哲學

---

❷　參見伯切勒編《皮爾士哲學論著選》，頁290–300。

❸　參見理查德・羅蒂《後哲學文化》一書。

並不非要涉及到有關觀念或反映方面的理論，並非所有的哲學家都
接受觀念這一假設，即我們只能在「鏡子裡的形象」上去判斷外部
事物 **❸**。羅蒂的這一思想和方法還貫穿在他對現代語言哲學的看法
上。他在1977年發表的一篇書評——〈評海鏗 Ian Hacking 的「為
什麼語言與哲學有關」〉——中指出，海鏗雖然對語言哲學的歷史
作了回顧，看到了哲學家們在尋找「什麼是意義」的過程中逐漸走
向「並不存在意義這樣東西」這一結論，但他自己卻仍然將「句子」
看作是主體與客觀世界之間的一層中介，一層幕障，認為語言「表
達」或「代表」客觀世界，而沒看到語言是一種行為，並非隔在人
與物之間的屏障——「除非我們重新創造出十七世紀式的那種兩個
現實之間的鴻溝，並重新創造出一個中間物，我們就不會認為表達
和知識給哲學帶來什麼難題」 **❸**。換而言之，十七世紀時，主體與
客體之間給人為地劃了一個鴻溝，其中間的屏障就是「觀念」， 如
果今天我們不把「語言」看成一個屏障，也就不會有主客體的鴻溝！

　　當然，羅蒂的結論遠遠比銳德要激進、「現代化」，但銳德的影
響及其所可能引出的邏輯結論卻在此得到了突出的表現。

---

❸　參見理查德・羅蒂《哲學與自然之鏡》，頁139–148。

❸　見 1992 年版的《語言學轉折》，頁369。

結　語

　　雖然人們對歷史上的哲學家，也是仁者見仁，智者見智，或因好惡不同而褒貶各異，或因文化背景的區別，時代距離的間隔，而理解懸殊。但總的說來，將人類作為一個整體而論，人們對何謂傑出的哲學體系，還是有一定的共識的。從這種共識的角度來看，銳德哲學所包含的深刻而豐富的內容，值得人們給予高度的重視和評價。它之所以未得到普遍的認識，只是一種歷史的不幸，而不是它本身的貧乏或膚淺造成的。我們甚至可以說，正因為銳德從最平常的常識和日常語言中去挖掘出深刻的哲理，才使得他的哲學一方面難以被人認識，另一方面，細細品味，又更令人覺得敬佩。中國有句古語，叫「聖人只是常」。它不只是說聖人表面上看上去並不頭帶光圈身著仙袍，而且還意味著聖人只是集常人的智慧，具常人之美德者。而常人之不如聖人之處，常常是他們忘記或背離常識之處。銳德哲學的生命力，不依賴於歷史上偶然的受到一些人重視與否。它的生命力，根植於它的立足點本身。——可以說，歷史上從來沒有那一個哲學家擁有像銳德一樣多的信徒，而且可以預見，在今後這種情況似乎也不會有改變。

　　幾千年來，人類的文化經歷了許多變遷，但人們的一些基本信念沒有變。當那些「後現代哲學家」們強調人類知識的可變性、相

對性，及其對社會、語言、宗教、生活習慣等等的依賴性時，他們誇大了事實，忽視了各種時代、文化、社會、語言、宗教和生活方式當中所包含的一些共同性。雖然這種傾向是對近代的理性至上論、歐洲文化中心論的一種反彈，對於破除這種傾向，開闊人類的視野與心胸，是有很積極的意義的，但過分地強調相對性和可變性，也是違背事實的，而且還造成了西方社會中年輕一代對真理、事實等等概念的輕率的拒斥。這方面，銳德哲學正好是一付解毒藥。它一方面突破了理性至上論的框子，引導人們向直覺中去探索，從而超出了康德前的近代哲學。另一方面，它又不是把人的信念一概看作社會、文化的產物，因而又避免了相對論。它不僅指出了人們思想、語言、生活方式上的一致性，而且揭示了這樣一個事實，即正由於人們信念上的一致性，才造成了人們在語言、道德標準、生活習慣等方面的一些深層上的同一。再一方面，它的對直覺的重視，為西方哲學從東方哲學中汲取新的生命力開闢了可能性，同時，它又不像有些東方哲學體系那樣帶有反理性主義色彩。直覺是非理性的 (arational)，而不是反理性的 (irrational)。它開闢了一個從理性角度去理解非理性的直覺的必要性、基礎性的方向，從而為東西方哲學的溝通和溶合開拓了一個很有希望的途徑。

本書反覆強調銳德哲學的價值和優點，並不是想證明它無瑕可擊，也不是想證明銳德比別的哲學家在各個方面都更高超。我強調其價值和優點，主要是想糾正康德以來人們對銳德哲學的偏見；其次，我也是想指出其所具有的潛力。雖然銳德本人所做的工作有限，他在列舉「第一原理」時，也有一些不夠謹慎之處，但他所指出的方向，也就是從常識中，從日常語言中去挖掘哲學問題之解，卻是極有前途的。如果讀者能從此書中得到這方面的啟發，從而進一步

去挖掘這方面的潛力，我相信，銳德哲學不會讓你失望。比如說，我們還可以進一步從日常生活方式中，去尋找人類的共同出發點。有些學者現在已經在深入地探討「禮節」、「禮儀」。如果我們能從中找到一些人類生活方式的共同點，我相信這對於我們理解我們自己的道德觀、價值觀，也是具有基礎性的意義的。

最後，我願藉此機會向不計報酬，為將此書輸入電腦付出了辛勤勞動的藍毓台女士表示深深的感謝。她的工作不僅免去了我許多抄寫的功夫，還大大方便了最後的修改整理程序。

銳德生平大事年表

1710年4月26日，銳德出生於蘇格蘭肯卡定郡。

1720年，銳德就讀於家鄉的一個教區學校。

1722年4月，銳德進阿伯丁的一個語法學校。

1722年10月，離開語法學校，正式進入阿伯丁的馬里夏爾學院。

1726年4月，從馬里夏爾學院畢業，開始研究神學。

1731年，獲得預習牧師的資格。

1732年8月，受任為教會執事。

1733年7月，任馬里夏爾學院的圖書館員。

1736年，辭去在馬里夏爾學院的圖書館員職務，去英格蘭遊歷。

1737年，被任命為紐瑪徹的教會牧師。

1740年8月12日，與伊麗莎白·銳德結婚。

1748年10月，發表〈論量〉。

1752年，受聘為阿伯丁大學金斯學院哲學教授。

1758年1月12日，與朋友們一起創立的阿伯丁哲學學會第一次聚會。

1762年1月18日，馬里夏爾學院授予銳德榮譽神學博士學位。

1764年，發表《基於常識原理的人類心靈研究》。 同年，繼亞當·
斯密而成為格拉斯哥大學倫理學教授。

1774年，發表〈亞里士多德邏輯學簡述及評論〉。

1780年5月，任命阿瑟為助手，接替他講學，自己重新潛心寫作。

1785年，發表《人類理智能力論集》。

1788年，發表《人類心靈的行為能力論集》。

1792年，銳德夫人去世。

1796年10月7日，銳德去世。

參考書目

巴柯及彪祥樸編著，《托馬斯‧銳德：批判的詮釋》， Barker, S. F. & Beauchamp, T. L. ed. *Thomas Reid: Critical Interpretations,* Philosophical Monographs, Philadelphia, 1976.

賓布洛森，〈羅素之受惠於銳德之處〉， Beanblossom, Ronald, *Monist*: 61, pp 192–204, 1978.

賓布洛森及萊爾勒編著，《托馬斯‧銳德的研究與論集》， Beanblossom, Ronald E. and Lehrer, Keith eds. *Thomas Reid's Inquiry and Essays.* Indianapolis: The Bobbs-Merrill Company, Inc., 1975, with an Introduction and a bibliography.

般耐特，《洛克，貝克萊，休謨：中心論題》， Bennett, Jonathan, *Locke, Berkeley, Hume, Central Themes.* Oxford: Clarendon Press, 1971.

布洛蒂，〈銳德及漢密爾頓論知覺〉， Brody, Baruch. "Reid and Hamilton on Perception." *Monist*: 55, July 1971, pp.423–441.

坎布爾，《自我與神》， Campbell, C. A., *Selfhood and Godhood,*

London, 1957.

孔子,《論語》

丹尼爾,〈托馬斯・銳德所發現的非歐幾里德幾何學〉, Daniels,
　　Norman, "Thomas Reid's Discovery of a Non-Euclidean
　　Geometry." *Philosophy of Science*: 39, June 1972,
　　pp.219–234.

戴文旁特,〈銳德獲益於培根之處〉, Devenpont, Alen Wade
　　"Reid's Indebtedness to Bacon", *Monist*: 70, pp 496–507,
　　1987.

杜根,〈托馬斯・銳德關於感覺的理論〉, Duggan, Timothy,
　　"Thomas Reid's Theory of Sensation." *Philosophical
　　Review*: 69, 1960, pp.90–100.

弗瑞舍,《托馬斯・銳德》, Fraser, A. C. *Thomas Reid*,
　　Edinburgh: 1898.

格瑞烏,《蘇格蘭常識哲學》, Grave, S. A., *The Scottish
　　Philosophy of Common Sense*. Oxford: Oxford University
　　Press, 1960.

哈康森編,托馬斯・銳德《實踐的倫理學》, Haakonssen, Knud
　　ed., Thomas Reid, *Practical Ethics*, Princeton U. Press,
　　1990.

漢密爾頓編,《托馬斯・銳德論著集》, Hamilton, Sir William
　　ed., *The Works of Thomas Reid*. Edinburgh: Maclachlan
　　and Stewart, 1846, 5th ed.

休謨,《人類理解研究》,關文運譯,北京:商務印書館,1982。
Hume, David, *An Enquiry Concerning Human Under-*

standing.

兼森，〈銳德與維特根斯坦論哲學與語言〉， Jenson, Henning "Reid and Wittgenstein on Philosophy and Language." *Philosophical Study*: 36, 1979.

瓊斯，《銳德常識哲學中的經驗主義和直覺主義》，Jones, O. M. *Empiricism and Intuitionism in Reid's Common Sense Philosophy*, Princeton: Princeton University Press, 1927.

康德，《未來形而上學導論》， 龐景仁譯，北京：商務印書館， 1982。 Kant, Immanuel.

奎恩，《蘇格蘭的常識在德國，1768–1800》，Kuehn, Manfred, *Scottish Common Sense in Germany*, 1768–1800, McGill-Queens Univ. Press, 1987.

萊爾勒，〈我們能通過內省來確知我們有自由意志嗎?〉, Lehrer, Keith. "Can We Know That We Have Free Will By Introspection?" *The Journal of Philosophy*, vol.57, March 1960, pp.145–157.

萊爾勒，〈蘇格蘭對當代美國哲學的影響〉, "Scottish Influences on Contemporary American Philosophy." *The Philosophical Journal*, vol.5, 1968, pp.34–42.

萊爾勒，〈銳德對當代美國和英國哲學的影響〉，巴柯及彪祥樸 編著,《托馬斯・銳德：批判的詮釋》, "Reid's Influence on Contemporary American and British Philosophy."

萊爾勒，《托馬斯・銳德》， Lehrer, Keith. *Thomas Reid*, New York: Routledge, 1989.

麥肯托胥,《論倫理哲學之發展》，Markintosh, Sir James

Dissertation on the Progress of Ethical Philosophy, 2nd. ed., Edinburgh: Edinburgh Univ. Press, 1837.

馬西爾—拉柯史瑞，《克勞迪·布菲耶和托馬斯·銳德：兩位常識哲學家》, Marcil-Lacosre, Louise. *Claude Buffier and Thomas Reid: Two Common Sense Philosophers*, Kingston and Montreal: McGill-Queen's University Press, 1982.

麥考胥,《蘇格蘭哲學》, McCosh, James, *The Scottish Philosophy*, Hildesheim: Georg Olms Verlagsbuchhand-lung, 1966.

孟子,《孟子》

麥茨,《英國哲學一百年》, Metz, Rudolf. *A Hundred Years of British Philosophy*. London: George Allen & Unwin Ltd., 1938.

穆勒,《威廉·漢密爾頓哲學之研討》, Mill, J. S. *An Examination of Sir William Hamilton's Philosophy*, London: Longmans, Green, Reader and Dyer, 1878.

穆爾,〈拒斥唯心主義〉, 見其《哲學研究》一書, Moore, G. E., *Philosophical Studies*, London & New York, 1922.

穆爾,《哲學論文集》, Moore, G. E., *Philosophical Papers*, London, Allen & Unwin, 1959.

皮爾士,《皮爾士文集》, Peirce, C. S. *Collected Papers of C. S. Peirce*, ed. by C. Hartshorne and P. Weiss, 8 vols., Harvard Univ. Press, 1931–1935.

普萊斯,《知覺》, Price, H. H. *Perception*. London, 1950.

普利斯特雷,《銳德的「研究」,貝蒂的「真理論」及奧斯瓦德「求助於常識」之研討》, Priestley, Joseph, *An Examination of Dr. Reid's Inquiry, etc.* London, 1774.

普蘭亭格,《保證與恰當的功能》, Plantinga, Alvin, *Warrant and Proper Function*, Oxford, 1993.

銳德,〈亞里士多德邏輯學簡述及評論〉, Reid, Thomas, *A Brief Account of Aristotle's Logic*, 1774.

銳德,《論量》, Reid, Thomas, *Essay on Quantity*. London: Transactions of the Royal Society, 1748.

銳德,《研究與論集》, Reid, Thomas, *Inquiry and Essays*, ed. by Ronald E. Beanblossom and Keith Lehrer, Indianapolis: Hackett, 1983.

銳德,《人類心靈研究》(全名《基於常識原理的人類心靈研究》,簡稱《研究》),杜根編, Reid, Thomas, *An Inquiry into the Human Mind on the Principle of Common Sense*, or *An Inquiry into the Human Mind*. Ed. by Timothy Duggan, Chicago: The University of Chicago Press, 1970, with an introduction and a bibliography.

銳德,《人類理智能力論集》(簡稱《智力論集》),布洛蒂編, Reid, Thomas, *Essays on the Intellectual Powers of Man*. Ed. by Baruch Brody, Cambridge, Mass.: MIT Press,1969.

銳德,《人類心靈的行為能力論集》(簡稱《行為能力論集》),布洛蒂編, Reid, Thomas, *Essays on the Active Powers of the Human Mind*. Ed. by Baruch Brody, Cambridge, Mass.: MIT Press, 1969.

銳德,《托馬斯·銳德哲學演講集》, Reid, Thomas, *The Philosophical Orations of Thomas Reid*, ed. by D. D. Todd, Carbondale, IL: Southern Illinois Univ. Press, 1989.

銳德,《托馬斯·銳德論著集》漢密爾頓編, *The Works of Thomas Reid*, ed. by Sir William Hamilton, Edinburgh: Maclachlan and Stewart, 1846.

銳德,《托馬斯·銳德著作集》, 萊特編, *The Works of Thomas Reid*, ed. by G. N. Wright, 2 vols. London, Thomas Tegg, 1843.

銳德,《實踐的倫理學》, 哈康森編, Haakonssen, Knud ed. Thomas Reid, *Practical Ethics*, Princeton Univ. Press, 1990.

羅賓孫,《蘇格蘭哲學》, Robinson, D. S., *The Story of Scottish Philosophy*. New York: Exposition Press, 1961.

羅蒂,《後哲學文化》, 黃勇編譯, 上海譯文出版社, 1992。

羅蒂,《語言學的轉折》, Rorty, Richard, *The Linguistic Turn*, Chicago University Press, 1992.

羅蒂,《哲學與自然之鏡》, Rorty, Richard, *Philosophy and The Mirror of Nature*. Princeton Univ. Press, 1979.

羅爾,〈銳德的人類自由概念〉, Rowe, William L., "Reid's Conception of Human Freedom." *Monist*: 70, pp 431–411, 1987.

叔本華,《作為意志與表象的世界》, Schopenhauer, Arthur, *The World as Will and Representation*, trans. by R. B. Haldane and J. Kemp, London, 1883.

西奇威克，〈常識哲學〉，Sidgwick, Henry, "The Philosophy of common Sense." *Mind*, vol.4, 1895, pp.145–158.

泰勒及杜根，〈論重視〉，Taylor, Richard and Duggan, Timothy "On Seeing Double." *Philosophical Quarterly*, vol.8, April, 1958, pp.171–174.

泰勒，〈格瑞烏「蘇格蘭常識哲學」一書書評〉，Taylor, Richard, *Philosophical Review*, 1961, July.

泰勒，〈決定論與行為者理論〉，見霍克編《近代科學時代的決定論與自由》，Taylor, Richard, "Determinism and Agent Theory" in Hook, Sidney ed., *Determinism and Freedom in the Age of Modern Science*, New York, 1958.

泰勒，《形而上學》，Taylor, Richard, *Metaphysics*, 2nd. ed. Englewood Cliffs, New Jersey: Prentice-Hall, Inc. 1974.

陶德編，《托馬斯・銳德哲學演講集》，*The Philosophical Orations of Thomas Reid*, ed. by D. D. Todd, Carbondale, IL: Southern Illinois Univ. Press, 1989.

萊特編，《托馬斯・銳德著作集》，*The Works of Thomas Reid*, ed. by G. N. Wright, 2 vols. London, Thomas Tegg, 1843.

索　引

五劃

六劃

九劃

十四劃

世界哲學家叢書（一）

書　　　　　　名	作　　　者	出　版　狀　況
孔　　　　　　子	韋　政　通	排　　印　　中
孟　　　　　　子	黃　俊　傑	已　　出　　版
莊　　　　　　子	吳　光　明	已　　出　　版
墨　　　　　　子	王　讚　源	已　　出　　版
淮　　南　　子	李　　增	已　　出　　版
董　　仲　　舒	韋　政　通	已　　出　　版
揚　　　　　　雄	陳　福　濱	已　　出　　版
王　　　　　　充	林　麗　雪	已　　出　　版
王　　　　　　弼	林　麗　真	已　　出　　版
阮　　　　　　籍	辛　　旗	已　　出　　版
劉　　　　　　勰	劉　綱　紀	已　　出　　版
周　　敦　　頤	陳　郁　夫	已　　出　　版
張　　　　　　載	黃　秀　璣	已　　出　　版
李　　　　　　覯	謝　善　元	已　　出　　版
楊　　　　　　簡	鄭　曉　江貴 李　承	已　　出　　版
王　　安　　石	王　明　蓀	已　　出　　版
程　顥、程　頤	李　日　章	已　　出　　版
胡　　　　　　宏	王　立　新	已　　出　　版
朱　　　　　　熹	陳　榮　捷	已　　出　　版
陸　　象　　山	曾　春　海	已　　出　　版
王　　廷　　相	葛　榮　晉	已　　出　　版
王　　陽　　明	秦　家　懿	已　　出　　版
方　　以　　智	劉　君　燦	已　　出　　版
朱　　舜　　水	李　甦　平	已　　出　　版
戴　　　　　　震	張　立　文	已　　出　　版

世界哲學家叢書（二）

書　　　　　名	作　　　者	出　版　狀　況
竺　　道　　生	陳　沛　然	已　　出　　版
慧　　　　　遠	區　結　成	已　　出　　版
僧　　　　　肇	李　潤　生	已　　出　　版
吉　　　　　藏	楊　惠　南	已　　出　　版
法　　　　　藏	方　立　天	已　　出　　版
惠　　　　　能	楊　惠　南	已　　出　　版
宗　　　　　密	冉　雲　華	已　　出　　版
湛　　　　　然	賴　永　海	已　　出　　版
知　　　　　禮	釋　慧　岳	已　　出　　版
嚴　　　　　復	王　中　江	排　　印　　中
章　　太　　炎	姜　義　華	已　　出　　版
熊　　十　　力	景　海　峰	已　　出　　版
梁　　漱　　溟	王　宗　昱	已　　出　　版
殷　　海　　光	章　　　清	已　　出　　版
金　　岳　　霖	胡　　　軍	已　　出　　版
馮　　友　　蘭	殷　　　鼎	已　　出　　版
湯　　用　　彤	孫　尚　揚	已　　出　　版
賀　　　　　麟	張　學　智	已　　出　　版
商　　羯　　羅	江　亦　麗	排　　印　　中
泰　　戈　　爾	宮　　　靜	已　　出　　版
奧羅賓多・高士	朱　明　忠	已　　出　　版
甘　　　　　地	馬　小　鶴	已　　出　　版
拉達克里希南	宮　　　靜	已　　出　　版
李　　栗　　谷	宋　錫　球	已　　出　　版
道　　　　　元	傅　偉　勳	已　　出　　版

世界哲學家叢書 (三)

書　　　　名	作　　者	出　版　狀　況
山　鹿　素　行	劉　梅　琴	已　　出　　版
山　崎　闇　齋	岡　田　武　彥	已　　出　　版
三　宅　尚　齋	海老田輝巳	已　　出　　版
貝　原　益　軒	岡　田　武　彥	已　　出　　版
楠　本　端　山	岡　田　武　彥	已　　出　　版
吉　田　松　陰	山　口　宗　之	已　　出　　版
亞　里　斯　多　德	曾　仰　如	已　　出　　版
伊　壁　鳩　魯	楊　　適	排　　印　　中
伊　本　・　赫　勒　敦	馬　小　鶴	已　　出　　版
尼　古　拉　・　庫　薩	李　秋　零	排　　印　　中
笛　　　卡　　　兒	孫　振　青	已　　出　　版
斯　賓　諾　莎	洪　漢　鼎	已　　出　　版
萊　布　尼　茨	陳　修　齋	已　　出　　版
托　馬　斯　・　霍　布　斯	余　麗　嫦	已　　出　　版
洛　　　　　克	謝　啓　武	排　　印　　中
巴　　克　　萊	蔡　信　安	已　　出　　版
休　　　　　謨	李　瑞　全	已　　出　　版
托　馬　斯　・　銳　德	倪　培　民	已　　出　　版
伏　　爾　　泰	李　鳳　鳴	已　　出　　版
孟　德　斯　鳩	侯　鴻　勳	已　　出　　版
費　　希　　特	洪　漢　鼎	已　　出　　版
謝　　　　　林	鄧　安　慶	已　　出　　版
祁　　克　　果	陳　俊　輝	已　　出　　版
彭　　加　　勒	李　醒　民	已　　出　　版
馬　　　　　赫	李　醒　民	已　　出　　版

世界哲學家叢書（四）

書　　　　　名	作　　　者	出　版　狀　況
迪　　　　　昂	李　醒　民	排　　印　　中
恩　格　　　斯	李　步　樓	排　　印　　中
約　翰　彌　爾	張　明　貴	已　　出　　版
狄　爾　　　泰	張　旺　山	已　　出　　版
弗　洛　伊　德	陳　小　文	已　　出　　版
史　賓　格　勒	商　戈　令	已　　出　　版
雅　斯　　培	黃　　藿	已　　出　　版
胡　塞　　　爾	蔡　美　麗	已　　出　　版
馬克斯・謝勒	江　日　新	已　　出　　版
海　德　　　格	項　退　結	已　　出　　版
高　達　　　美	嚴　　平	排　　印　　中
哈　伯　馬　斯	李　英　明	已　　出　　版
榮　　　　　格	劉　耀　中	已　　出　　版
皮　　亞　　傑	杜　麗　燕	已　　出　　版
索　洛　維　約夫	徐　鳳　林	已　　出　　版
馬　賽　　　爾	陸　達　誠	已　　出　　版
布　拉　德　雷	張　家　龍	排　　印　　中
懷　特　　　海	陳　奎　德	已　　出　　版
玻　　　　　爾	戈　　革	已　　出　　版
弗　雷　　　格	王　　路	已　　出　　版
石　里　　　克	韓　林　合	已　　出　　版
維　根　斯　坦	范　光　棣	已　　出　　版
艾　耶　　　爾	張　家　龍	已　　出　　版
奧　斯　　　丁	劉　福　增	已　　出　　版
魯　一　　　士	黃　秀　璣	已　　出　　版

世界哲學家叢書（五）

書　　　　　　　名	作　　者	出　版　狀　況
蒯　　　　　　　因	陳　　波	已　　出　　版
庫　　　　　　　恩	吳　以　義	已　　出　　版
洛　　爾　　斯	石　元　康	已　　出　　版
喬　姆　斯　基	韓　林　合	已　　出　　版
馬　克　弗　森	許　國　賢	已　　出　　版
尼　布　爾	卓　新　平	已　　出　　版